论人类不平等的起源和基础

[法国]让-雅克·卢梭 著

黄小彦 译

译林出版社

图书在版编目（CIP）数据

论人类不平等的起源和基础 /（法）让-雅克·卢梭著；黄小彦译．—南京：译林出版社，2023.9（2024.10重印）
ISBN 978-7-5447-9664-4

Ⅰ.①论… Ⅱ.①让… ②黄… Ⅲ.①哲学理论-法国-近代 Ⅳ.①B565.26

中国国家版本馆 CIP 数据核字（2023）第 066392 号

论人类不平等的起源和基础 ［法国］让-雅克·卢梭 / 著 黄小彦 / 译

责任编辑 张海波
特约编辑 陈秋实
装帧设计 胡 苨
责任校对 季林巧
责任印制 董 虎

出版发行 译林出版社
地 址 南京市湖南路 1 号 A 楼
邮 箱 yilin@yilin.com
网 址 www.yilin.com
市场热线 025-86633278
排 版 南京展望文化发展有限公司
印 刷 江苏凤凰新华印务集团有限公司
开 本 890 毫米 ×1240 毫米 1/32
印 张 4.875
版 次 2023 年 9 月第 1 版
印 次 2024 年 10 月第 2 次印刷
书 号 ISBN 978-7-5447-9664-4
定 价 59.00 元

导　读

段德敏

作为一本小册子,《论人类不平等的起源和基础》是卢梭最早的政治著作,它包含了卢梭整体政治思想的主要要素。可以说,这本小册子打开了卢梭政治思考的大门。理解卢梭的政治思想最好从本书开始。

卢梭的思想通常以激进著称,但这种激进在他早年或许与他对一鸣惊人的渴望有一定关系。1750年,法国第戎科学院以"科学和艺术的复兴是否有利于敦风化俗"为题征文,卢梭以《论科学与艺术的复兴是否有利于敦风化俗》一文应征,断然给征文题目以否定的答案,结果获得了第一名,声名大噪。1754年,第戎科学院再次征文,题目是"什么是人类不平等的起源,它是否为自然法所许可?"卢梭又以否定的答案提交了论文。卢梭的百科全书派的朋友狄德罗曾记载,最初是他建议卢梭以否定的角度应征科学院的征文,以"显得更具原创性,从而赢得大奖"。有论者推测,卢梭当时应该是接受了狄德罗的建议,但当他开始沿着这个方向思考时，发现这正是他自己所相信的。当然，这篇论文并没有像前一篇那样获得大奖。卢梭自己对此也有所预料，他在后来的《忏悔录》中写道："这篇东西，在全欧洲恐怕只能找到很少数的读者能够理解，而这些读者中恐怕更没有一个人愿意谈论它。……我早就料到一定得不了奖，因为我深知科学院的奖金绝不是为我这样的文章而设立的。"对这篇文章的反对声或许以卢梭在思想上的宿敌伏尔泰发表的观点最为典型。伏尔泰挖苦道："从没有人用过这么大的智慧企图把我们变成畜牲。读了你的书，真的令人渴望用四只脚走路了。"显然，伏尔泰是在讽刺卢梭对自然状态的褒扬和对文明社会的贬抑。

尽管伏尔泰的嘲讽带有明显的个人色彩，但它仍戏剧化地反映了卢梭和当时围绕在王公贵族身边的那批启蒙学者之间的极大距离。后者相信理性和人类文明的进步带来人的自由和平等；而前者则正好相反，认为人类文明的进步恰恰伴随着纯朴感情的消失和道德的堕落。更为重要的是，人变得越来越不平等，越来越违反人的自然本性。也许我们可以从与孟德斯鸠的对比中窥出卢梭思想激进色彩之一斑。孟德斯鸠出生的时间比卢梭略早，他们的个人背景也有着巨大的差别：前者是具有很高地位的贵族，而后者则是出身底层的平民。但在政治思想上，二者同样都诉诸"自由"。孟德斯鸠认为欧洲君主国家的贵族传统是其能保持自由的关键原因，贵族的"荣誉"实际上是对君主权力的规范，贵族的独立地位保证了权力之间的分立和制衡，从而也保证了君主国的自由和法治。可以说，在孟德斯鸠看来，贵族传统才是欧洲国家自由的源泉，也是欧洲温和的君主国区别于东方专制国家的最主要因素。

然而，在卢梭那里，这一切都极其荒谬。卢梭拒绝将贵族制与自由联系在一起。在卢梭的笔下，孟德斯鸠式的贵族的“荣誉”和令人尊敬的独立性都是“不平等”的表现，都是人类虚妄、骄奢、淫逸、道德堕落的象征。在卢梭看来，难以想象，当一部分人依赖另一部分人，当人人都渴望攀附权贵从而有机会统治别人时，还有什么自由可言。正如在《论人类不平等的起源和基础》结尾所说：“不管我们如何对不平等进行定义，以下这些显然是违背自然法则的：孩子命令老人，傻瓜领导智者，一小撮人富得冒油，而大众则因缺乏生活必需品忍饥挨饿。”卢梭明确地表明孟德斯鸠所赞扬的“荣誉”是违反自然的，或是“不自然的”（unnatural）。这一极具批判性的视角始终左右着卢梭的政治思考。

十七、十八世纪欧洲的政治思想家大都离不开对自然法和自然状态的描述。在霍布斯和洛克那里，自然状态是一种不完备的状态，都需要人类运用理性建立政府来补足这种不完备性。而在卢梭这里，则完全相反。自然状态是一种理想状态，历史上的人类社会则是从自然状态的堕落。但我们必须知道的是，卢梭对自然状态的描述与基督教中上帝的伊甸园相差甚远。卢梭是在用一种类似人类学的方法描述人类心灵的进化史，用研究卢梭的专家茱迪斯·斯珂拉（Judith N. Shklar）的话说，他是在为每一个人立传，每一个人自然地应该是什么样子，而他们事实上和现在却是什么样子。霍布斯说自然状态中每个人与每个人为敌，追求对别人的统治是所有人本能的冲动，但对卢梭来说，这却是社会状态中的人的典型特征。在自然状态中，人们绝不会有支配他人的冲动，人们有自我保护的需要，在必要的时候需要用武力保护自身的存在，但支配别人的欲望却是在社会中发展而来。

当然，卢梭对自然状态的描述是为了引出他对不平等的理解。卢梭的自然状态中的人大致处在野蛮人或者野兽的状态，但他把它当作社会状态中的人的一面镜子，通过这面镜子我们可以看到人们在文明进步的过程中实际上放弃了什么、失去了什么。自然状态中的人是平等的，这种平等并不是生理意义上的平等，因为有人天生更强壮、更聪明。而卢梭所要说的不平等主要指的是“精神和政治意义的不平等”。在自然状态中人们如野兽一般老死不相往来，至多在异性之间的交媾和照顾幼儿方面有一些交集，在绝大多数情况下，人们是几乎没有交往的。卢梭说，“难以想象在原始状态中，一个人需要另一个人，甚于一只猴子或一匹狼需要它们的同类”。既然人们之间几乎没有交往，便也不会形成“意见”（opinion）。在自然状态中，人们顶多有看到同类遭受痛苦时所天然具有的同情心，但他们绝不会产生谁比谁更漂亮、谁比谁更有风度这样的“意见”。以公众评价为内容的“意见”只有在社会状态中、在人与人之间不断交往以及互相需要中产生。

在卢梭看来，正是在人类文明的进化过程中产生的人与人之间互相品评的“意见”奠定了社会状态中不平等的基础。在卢梭的自然状态里，人们本能的“自爱”仅限于自我保存，它并不涉及与他人的关系，也与别人的意见无关。然而，人之所以区别于动物，在于其具有完善自己的能力，人不可能永远如野兽一般生活。当人们结成一定的群体，开始某种交往时，一种新的"自爱"便在人们的脑中产生了。前一种"自爱"（amour de soi）是一种简单的生理意义的自我关爱，而后一种"自爱"（amour propre）则涉及精神和政治，它是一种希望得到别人的承认、赞美和尊重的自爱。卢梭说："人们一开始相互品评，尊重的观念一在他们心灵中形成，每个人都认为自己有被尊重的权利。"每个人都试图高别人一等，卢梭认为这是人们在进入社会状态中发展出的心性。也正是这种发展导致了人类一步步走向了不平等的深渊，因为既然每个人都希望被尊重，那么人们必然需要某种稳定的秩序、某种道德观念来分配被尊重的权利，从而进一步使不平等固定化。

在这个过程中，私有制的产生是关键的一环。卢梭在《论人类不平等的起源和基础》中对私有制大加挞伐，但他并不像马克思那样从阶级分析的角度批判私有制的剥削本质。对卢梭来说，私有制的存在为政治统治准备了条件。事实上，在人类历史上，在谁应该统治、谁应该被统治的争执中，财富始终占据着极为重要的地位。在卢梭的人类文明进化史中，也正是财富以最具说服力的方式确定了谁更值得被尊重，与更漂亮、更聪明、更有力相比，更有钱往往更能吸引人们的注意力。自然状态中的人往往满足口腹之欲便可，而社会状态中的人则奋力追求远超出自己需求的财富，最终不过是为了使自己高人一等。从而，在财富多寡的分殊中产生了人类社会最大的不平等之一。卢梭说：

> 谁第一个将土地圈起来，胆敢说“这是我的”，并且能够找到一些十分天真的人相信他，谁就是文明社会真正的奠基者。假如这时有人拔掉木桩，填平沟壑，并且向他的同类大声呼吁：“不要听信这个骗子的话，如果你们忘记果实为大家所有，而土地不属于任何人，你们就全完了！”那么，人类可以避免多少罪恶、战争、谋杀、苦难和暴行啊！

“穷人”和“富人”实际上是带有品评性质的意见。在自然状态中，人们根本没有穷和富的观念，即使某人恰好拥有比别人多得多的食物，这也丝毫不会改变他和别人之间的关系。而在社会状态中，人们却热衷于用这穷和富的分化来判断一个人应该受到多大程度的尊重。在文明社会中，人们急切地想知道他们在别人心目中的地位，财富则提供了一个相对可靠和安全的标准。

然而，财富远远不能确定稳定的秩序。很快，卢梭说：“在最强者的权利和先占权之间产生了无休止的冲突，最终只能以战斗和杀戮收场。”人类文明在这里才走到了霍布斯所说的人与人之间的战争状态。每个人都想统治、支配别人。也正是在这里，卢梭所要讨论的不平等的含义才显现出来。卢梭说，在自然状态下，“一个人很可能夺走另一个人采摘的果实，将他杀死的猎物或居住的洞穴据为己有；但是，如何能做到让一个人服从于他人呢？在一无所有的人们之间，能产生什么样的奴役关系？”不平等正是这种人与人之间的从属关系。对卢梭来说，这实际上是人们接受一个主人的过程。战争的状态不可能长期维持下去，需要一个评判是非的人，需要一个道德体系和法律制度来使人们服从。然而,人们接受的道德标准和法律实质上是富人用来进行统治的工具,那些动听的格言、高雅的艺术和繁缛的礼节不过是套在人们身上的锁链上的花环。

卢梭在这里要描述的并不是阶级的压迫,而是普遍的人心的堕落。人们从自然状态中走出,获取了更多的能力,文明和艺术获得进步,但人们失去了原初的纯真和平等。在社会状态中,人们却愿意拥有一个主人,“所有的人都奔跑着迎向枷锁,认为这样可以确保他们的自由”。《社会契约论》中的名句“人生来自由,却无处不身同奴隶”,并不是对有产者的控诉,而主要是对人心的失望。在这种社会状态之下,打破枷锁的人不过是为了回过头来把枷锁套在别人头上,这个枷锁并不是套在被剥削阶级、被压迫阶级头上,而是套在“每一个人”头上。事实上,有趣的是,尽管卢梭不遗余力地描述不平等的产生,但他对下层阶级的反抗事实上并不感兴趣。其原因主要在于,在卢梭看来,反抗的结果很可能是为社会确立一个新的主人。卢梭所要追求的是一个没有主人或者人人都是自己的主人的社会。显然,这一社会是以自然状态为参照的。

需要指出的是,卢梭也并不是要人们回到自然状态。卢梭并没有贬低人完善自己的能力,他批评的是人在完善自己的过程中失去本来具有的纯朴感情,成为别人的意见的奴隶。事实上,人们既不可能也无必要回到自然状态。卢梭时刻以自然状态和社会状态作对比,主要是在用自然状态的镜子照出文明社会的诸般丑恶和不堪。他在告诉人们,那些看起来牢不可破的传统和等级都是与自然相悖的产物,它们“并没有任何真正的天然基础”。人心的变化是一个微妙的过程，人们本应可以保持自己那份纯真，从而也可以维持他们之间的平等关系，但在文明社会的发展过程中，他们却微笑着迎接他们的枷锁。

在《爱弥儿》中，卢梭以儿童教育的视角探讨如何保持人自然的独立性和纯朴感情，而在《社会契约论》中，卢梭则以一个共和国为例，讨论在政治社会中如何维持人的自由和平等。显然，这些讨论在《论人类不平等的起源和基础》中都能找到它们的雏形。“将人们从自然状态引向社会状态的道路已经被遗忘和迷失”，卢梭要寻找的是如何在社会状态中维持人的“精神和政治”上的平等。写于1762年的《社会契约论》无疑是这一探讨过程中最重要的里程碑。《论人类不平等的起源和基础》以这样的评论结束：“不管我们如何对不平等进行定义，以下这些显然是违背自然法则的：孩子命令老人，傻瓜领导智者，一小撮人富得冒油，而大众则因缺乏生活必需品忍饥挨饿。”而《社会契约论》则以这样的宣示开头：“当一国人民被迫服从并且服从的时候，挺好；一旦他能够摆脱桎梏并且那么做了，那就更好。”成为自己的主人，这是卢梭在《社会契约论》中的核心诉求。不能回到自然状态做自己的主人，则努力在政治社会中成为自己的主人。

在人们通过契约建立的共和国中，每个人都将自身置于公意的指导之下，而“每个人既然是向全体献出自己，他就并没有向任何人奉献出自己”。在公意的指导下，没有人是别人的主人或奴隶，“精神的和政治的”平等是衡量人们是否自由的标准。卢梭以古典时代的斯巴达和当代的日内瓦共和国为蓝本，将它们理想化，从而构想在社会状态中实现这种平等的可能性。公意既不是神意也不是具体个人的意志，它是全体公民相结合而构成的意志。公意的抽象性保证了参与到公意中的人们之间的平等性，只要是公意在统治，那么就不是某个具体的人在统治，从而人与人间的从属关系也就不存在。

因此，我们可以看出，在《论人类不平等的起源和基础》中卢梭所分析的不平等，既不是指经济或阶级关系上的不平等，也与底层人民起来反抗的所谓“民主”相去甚远。卢梭的思想所循的是一条西方共和主义的线索。本书开宗明义所给出的“精神的和政治的”不平等主要指的是权力上的依赖关系。自然状态中的野蛮人并不依赖于任何人，他们是完全独立的，因而也就是平等的。而在社会状态中，人们难以摆脱的正是这种依赖关系，总会有富人和穷人、统治者和被统治者、主人和奴隶的区别。在卢梭看来，虽然困难，社会状态中的人们并不是没有摆脱不平等噩梦的可能。尽管相对于自然状态来说，文明的进步与人类不平等的发展直接相关，但文明本身并不一定是人类的诅咒。人类可以而且应该在社会状态中追求平等，人类社会不一定只有一个不平等的命运。

目　录

致日内瓦共和国

慷慨、尊敬、至高无上的大人们：

我深信，只有品德高尚的公民才有权向他的祖国表达敬意，并且得到祖国的认可。三十年来，我努力工作，以期能够有资格公开地向你们致意，这个幸运的机会部分地补偿了我力所未逮之事，我认为在这里我可以听从鼓舞了我的热忱之心，而非依据我应当获得该许可的权利。有幸出生于你们之中的我，如何能够在对自然赋予人类的平等和人类建立的不平等进行思考之时，却没有考虑到在这个国家里，人们是以何种深沉的智慧将这两者完美地结合起来，以最接近自然法，以及最有利于社会的方式，致力于维持公共秩序和保障个人幸福的呢？在寻求由常理所决定的关于政府建构的最佳准则之时，我震惊地发现，所有这些准则都在你们的政府里付诸实施。因此，即便我没有生在你们的国家里，我也自认为不可避免地要将这幅人类社会的图画献给所有人民之中，我认为是拥有政府的最大优势，并且最有效地预防了其弊端的人民。

假如要我选择自己的出生地的话，那么我会选择一个其疆域以人的才能范围为限的国家，也就是说，以得到良好治理的可能性为限的国家。在这个国家里，每个人都足以胜任自己的工作，没有人被迫将自己承担的职能委任给他人。在这个国家里，所有的个人彼此相见相识，罪恶的阴谋和谦逊的美德都不能逃脱公众的目光和评判；这种彼此相见相识的美好习惯，将对祖国的热爱变成了对公民的热爱，而非对土地的热爱。

我希望自己出生在一个主权者和人民只能拥有唯一的共同利益的国家，从而国家机器所有的运作都永远只倾向于公共幸福。要做到这一点，除非人民和主权者是同一个人。因此，我会希望自己出生在一个审慎而适度的民主政府之下。

我希望自己自由地生活、自由地死去，也就是说完全服从于法律，从而不论是我还是任何人都不能摆脱这种可敬的束缚。即便是那些最为自傲的人，也会乖巧地接受这种有益而温和的束缚，因为他们生来就是不受任何其他束缚的。

因此，我希望国家中的任何人都不能自称凌驾于法律之上，而这个国家之外的人也不能迫使国家承认其超越法律的权威。因为不论一个政府的体制如何，假如其中有且仅有一个人不服从法律，那么所有其他人必然会受其摆布。[注一][1]假如存在一个本国领袖和一个外国领袖[2]，那么不论他们之间的权力如何分配，这两者都不可能得到很好的服从，国家也不可能得到良好的治理。

我绝对不会希望居住在一个新建的共和国之中，不管它的法律多么优越。因为我担心别样建构的政府在当时可能并不适

1　参见书后作者附加的注释，下同。——译注（本书脚注若无特殊说明，均为译注。）

2　这里指教皇。

宜，或是这个政府不适合新公民，或是公民不适合这个新政府；我担心国家几乎刚诞生就有动摇和灭亡的倾向，因为自由正如那些美味的食物或醇酒，适合滋养和增强习惯于它们的强壮体质，却会压垮、破坏和迷醉那些根本不适合它们的虚弱体质。人民一旦习惯于某些主人，就再也不能摆脱他们。如果他们试图摆脱这种束缚，那么他们会因为将自由视作与之相反的过度放纵而更加远离自由。他们的革命几乎总是将他们托付给一些只会加重他们的枷锁的蛊惑者。罗马人民，这个所有自由人民的楷模，本身在脱离塔奎尼乌斯王朝的压迫之后根本没有自治能力。他们因塔奎尼乌斯王朝强加于他们身上的奴役和屈辱的劳动而变得堕落，因此首先需要以极大的智慧照顾和管理一批愚蠢的群氓，从而令这些在暴政之下变得神经质，或者确切地说变得愚蠢的人，渐渐地习惯有益身心的自由气息，逐步地获得朴素的习俗和英勇的气概，令他们最终成为所有民族之中最为可敬的民族。因此，我想要寻找一个幸福而宁静的共和国作为我的祖国，它的陈腐可以说是消失在了蒙昧时代，它所经受的伤害只适于表达并且巩固其居民的勇气和对祖国的热爱。在这个国家里，公民长期地习惯于一种明智的独立，从而他们不仅是自由的，而且也无愧于这份自由。

我会希望为自己选择这样一个祖国，它因一种幸运的虚弱而远离了征服的狂热，又因一种更为幸运的地理位置而免除了自身被他国征服的恐惧：一个位于几个民族之间的自由城市[1]，

1 指日内瓦。

其中任何一个民族都没有兴趣侵略它，同时每个国家又都注意防止其他民族侵略它。简而言之，一个不会引起邻国野心，并且能够在必要时适当地依靠邻国救援的共和国。因此，身处如此幸运的地位，除了自身，它没有什么可害怕的；它的公民进行军事训练是为了保持战斗热情和英勇气概，而非出于自我防卫的必要。这种英勇气概十分适合自由，同时又培养了对自由的爱好。

我会寻找一个全体公民共享立法权的国家，因为有谁能比他们更清楚在何种条件下公民适合在同一个社会中共同生活？但是，我不会同意类似于罗马人的那种全民表决，因为在这种表决中，国家首脑以及与国家的存续最息息相关的人被排除在了国家安全所依赖的决议之外；并且在这种表决中，通过一种荒谬的混乱逻辑，行政官被剥夺了普通公民所享有的权利。

相反地，为了阻止那些谋求私利、构思不良的计划以及最终祸害了雅典人的危险革新，我希望任何人都无权随心所欲地提议新的法律；这项权利只属于行政官，甚至行政官也应当极其审慎地行使这项权利；在人民这方面，同意这些法律必须慎之又慎，而法律的颁布也须十分庄重；我希望在政体遭到动摇之前，人们还有时间确信，法律正是因其古老而变得神圣可敬；人民很快就会鄙视那些天天变化的法律，而那些习惯于以做得更好为借口却忽略了古老习俗的人，通常会为了纠正小弊端而引入更大的弊端。

我尤其会避开这样的共和国，因其必然治理得十分糟糕：在这个共和国里，人民认为能够摆脱他们的行政官，或者只留给他们不确定的权力，从而轻率地自己负责民政管理以及法律的执行。刚刚脱离自然状态的最初政府，其粗糙的政体应当就是这样的，这也是导致雅典共和国衰亡的弊端之一。

但是我会选择这样的共和国：那里的百姓满足于批准法律以及根据首领的汇报共同决定最为重要的公共事务，设立受到尊重的层级机关，细心地区分层级机关的不同权限范围，每年选举最有能力、最廉正的同胞来管理司法和治理国家；因而在这样的国家里，行政官的品德也证明了人民的智慧，两者互为荣耀，相得益彰，以至于即便万一有致命的误会来扰乱公共和谐，这个甚至是盲目而谬误的年代依然会烙印上节制、互相尊重以及对于法律的共同尊敬的证明；而这些是真诚而永久的和解的表征和保证。

慷慨、尊敬、至高无上的大人们，这些就是我在为自己选择的祖国中所寻求的优点。假如上帝再在其上添加一种令人欢喜的处境：温和的气候，肥沃的土地，天底下最美妙的风景，那么我只想在这个幸运的国度里享受这些福利，与我的同胞在温馨的社会里平静地生活，以他们为榜样，对他们仁慈、友爱，实践一切优良品德，死后留下一个善良、诚实而品德高尚的公民的美誉，这样就可以让我达到圆满的幸福了。

尽管我的运气不佳或者说是开窍得太迟，沦落到在他乡终结衰败而颓废的生涯，徒然地痛惜莽撞的青年时代从我这里夺走的安宁和平静，但是我至少还会在内心怀有这些在自己的国家无用武之地的情感。满怀对远方的同胞温柔、无私的热爱之情，我会由衷地向他们致以类似以下的这段言辞：

我亲爱的同胞们，或者确切地说我的兄弟们，既然血缘关系以及法律几乎将我们所有的人结合到一起，我感到愉快的是，想到你们，我就不能不同时想到你们所享有的一切福利，可能你们之中没有人比我这个失去这些福利的人更深切地感受到它们的价值。我越是对你们的政治和公民状况进行思考，就越是难以想象人类事物的本质能够允许拥有比这更好的境遇。在一切其他的政府之中，当涉及确保国家的最大福祉之时，一切总是局限于空想的计划，至多也只是限于单纯的可能性。而你们，你们的幸福完全是现成的，只需要享受它就可以了，你们只需要满足于这种幸福就可以变得非常幸福。两个世纪以来，你们的英勇和智慧令你们依靠武力获取或恢复的主权得以保存，这种主权最终得到全面而普遍的认可。一些体面的条约确定了你们的国界，确保了你们的权利，巩固了你们的安宁。你们的政体是杰出的，因为它由最崇高的理性所决定，并且得到一些友好而可敬的强国的保障。你们的国家是安宁的，因为你们无需恐惧战争或是征服者；除了你们自己制定，并且由你们自己选定的廉正的行政官来执行的贤明法律之外，你们根本没有其他的主人；你们既没有足够富裕到因奢侈逸乐而软弱无力，在虚幻的安逸中失去对于真正的幸福以及稳重的品性的趣味，也没有贫穷到需要工业为你们获取更多外来援助的地步；这种珍贵的自由在大国之中只能通过令人咋舌的赋税加以维持，而你们几乎不用付出任何代价就可以保存它。

为了本国公民的幸福以及为各族人民提供榜样，但愿这一建构得如此明智而完美的共和国永世长存！这是你们唯一要许下的愿望，也是你们唯一需要操心的事情。自此，唯一需要你们去做的，不是造就你们的幸福，你们的祖先已经免除了你们在这方面的努力；而是借助于妥善运用这种幸福的智慧，令这种幸福得以持久。你们的存续取决于你们永久的团结、对法律的遵从，以及对法律执行者的尊重。假如你们之中还有一丝乖戾或怀疑的萌芽，赶紧消灭它，正如消灭一颗不幸的种子，它迟早会造成你们的不幸和国家的灭亡。我恳请你们全部回到自己的内心深处，倾听良心隐秘的声音。你们之中有谁见过这个世界上还有比你们的行政机构更加廉正、更加开明、更加可敬的机构？难道这个机构所有的成员没有在节制、淳朴的风尚方面，在对法律的尊重和最真诚的和睦相处方面为你们做出榜样吗？因此，毫无保留地给予如此英明的首领有益的信任吧，这是理性应当给予德性的信任；想想他们是你们所选择的，而他们也证实了这种选择的正确性；这些你们庄重地任命的人所应得的荣誉也必然会落到你们头上。你们之中没有人会愚昧到不知道，在法律的效力及其捍卫者的权威消失的地方，任何人都不可能拥有安全和自由。因此，你们除了带着合理的自信，由衷地做根据真正的利益和职责，为了情理而一直不得不做的事情之外，还有什么其他重要的事呢？对维持政体漠不关心是罪恶且有害的，但愿这种态度永远不会令你们在必要时忽视你们之中最为博学而热忱的人的真知灼见，也希望公正、节制、最可敬的坚强的品质继续支配着你们的全部活动，向全世界展示你们作为一个珍惜自身荣耀和自由的、自信而谦逊的民族的典范。请特别注意：永远不要听取那些用心险恶的说辞和满怀敌意的言论，因为它们的隐藏动机通常比这种动机支配下的行动更加危险，这也是我最后的忠告。一听到优秀而忠实的守门犬的叫声，全家都会苏醒过来并且保持警戒状态，因为这只守门犬只有在盗贼靠近时才大声吠叫。但是，人们痛恨那些不断扰乱公共安宁的令人腻烦的吵吵闹闹的狗，它们持续而不合时宜的警告使人们甚至在必要时也不予听信了。

还有你们，慷慨而十分尊敬的大人们，自由人民高尚而可敬的行政官们，请允许我单独向你们致以敬意。假如说世界上存在一种地位，能够使处于这个地位的人享有盛誉的话，那么毫无疑问，它应当是由才能和德性所造就的地位，是你们当之无愧的地位，是你们的同胞将你们提至其上的地位。他们自身的功绩又为你们的功绩增添了新的光彩。你们由一些有能力管理其他人的人遴选出来，用以管理他们自身，因此，我认为你们高于其他的行政官，因为一国自由的人民，尤其是你们有幸管理的这国人民，因其自身的智慧和理性而高于其他国家的民众。

请允许我举一个例子，它在我心里留下了最美好的印迹，也将永存我心。我总是怀着最温柔的感情回忆一个品德高尚的公民[1]，他赐予了我生命，经常用对你们的敬重之情熏陶童年时代的我。我依然能够看到他依靠双手的劳动养活自己，用最崇高的真理滋养自己的灵魂。我看到在他面前，塔西佗[2]、普鲁塔克[3]和

1 指卢梭的父亲。

2 塔西佗（Cornelius Tacitus，55—120），古代罗马最伟大的历史学家，代表作为《历史》。

3 普鲁塔克（Plutarque，约46—120），罗马帝国时代的希腊作家，代表作为《希腊罗马名人列传》。

格劳秀斯[1]的著作与他的职业工具混杂在一起；我看到在他的身边，他心爱的儿子接收着来自最好的父亲的温柔训诫，却鲜有成效。但是，即便疯狂的青年时代的误入歧途让我在某个时期遗忘了如此睿智的教导，最终我依然幸福地体会到，无论一个人如何倾向于恶习，真心投入的教育很难永远地失落。

慷慨而十分尊敬的大人们，出生在你们所治理的国家之中的公民，甚至是普通的居民便是如此，那些有文化的、有见识的人也是如此，虽然在其他国家里，人们对这些被称为工人和民众的人怀有卑劣而错误的观念。我很快乐地承认这一点，那就是我的父亲在他的同胞之中绝不出类拔萃，他只不过是跟他们所有的人一样。像他这样的人，在任何国家，最正直的人都会寻求，保持跟他的交往，甚至从中获益匪浅。我没有权利，并且感谢上天，也没有必要跟你们谈论这种品质的人可能期待从你们那里获得的尊重，他们无论是在教育方面，还是在自然权利和因出身而享有的权利方面，都与你们是平等的；他们之所以居于你们之下，是出于他们的意愿，出于他们应当并且已经给予你们的功绩的偏爱。反过来，你们也应当对他们的偏爱怀有某种感激之情。我十分满意地得知，你们多么仁慈而屈尊地对他们缓和了适合法律执行者的庄严，而对于他们应当给予你们的服从和尊敬，你们报以了如此之多的尊重和关怀。这是一种充满正义和智慧的行为，它能够让应当被忘却的对不幸事件的记忆愈

1 格劳秀斯（Hugo Grotius，1583—1645），荷兰法学家、神学家，国际法学创始人，开创了古典自然法的先河，被誉为“国际法之父”和“自然法之父”，代表作为《战争与和平法》（1625）。

行愈远，从而永不再现；正因为这个公正而勇敢的民族将他们的责任视作一种乐趣，自然而然地喜欢尊重你们，并且最热衷于维护自身权利的人也是最倾向于尊重你们的权利的人，因此你们的这种行为显得更加明智。

文明社会的首领喜欢社会的荣耀和幸福，这没什么可奇怪的。但是，假如那些自认为是一个更加神圣而崇高的祖国的行政官，或者确切地说，自认为是其主人的人，表现出对于养育他们的尘世间的祖国的热爱，那么这对于人类的安宁来说就太非同凡响了。我很高兴有一个有利于我们的十分罕见的例外，能够将这些法律许可的神圣教条的受托人、虔信者置于我们的最佳公民的行列之中。这些可敬的心灵的牧师，因为他们总是身先士卒地实践福音的准则，因此，他们敏捷而悦耳的口才使得这些准则更加深入人心。众所周知，布道这项伟大的艺术在日内瓦培养得多么成功！但是，由于人们对于言行不一的行为太过习以为常，因此，几乎没有人知道基督教的精神、习俗的神圣性、严于律己、宽以待人的态度在我们的行政机构中占据了何种统治地位。神学家和文人团体完美结合在一起，或许只有日内瓦才能做出如此大有裨益的榜样。我将国家得以永久安宁的希望大部分寄托于他们为世人所公认的明智和节制之上，寄托于他们对于国家繁荣昌盛的热忱之上。我惊喜而心怀敬意地注意到，他们是如此厌恶那些野蛮的圣人[1]的丑恶准则，而这种圣人

1 这里指的是十六世纪欧洲宗教改革家加尔文（1509—1564），新教加尔文宗的创始人，瑞士新教改革运动的发起人，日内瓦神权共和国的领袖。加尔文将其他教派视为异端，并且迫害许多批评其主张的优秀人物，他曾亲自审讯了他的朋友、当时西班牙人文主义者和泛神论神学家塞尔维特，并将他活活烧死。

在历史上举不胜举。为了维护所谓的上帝的权利，其实是他们自己的利益，这些圣人称自己的生命永远受尊重，从而更加不惜牺牲人类的生命。

我如何能够忘记共和国中那珍贵的半数人，她们造就了另一半人的幸福，她们的温柔和智慧维持了共和国的和平以及善良风俗。可爱而品德高尚的女性公民们，你们将永远主导着我们的命运，这就是你们女性的命运。当你们只为了国家的荣耀和公共的幸福，才展示仅在婚姻关系中运用的贞洁的权威时，我们是多么幸福！斯巴达的女性就是这样实施统治的，而你们也应当在日内瓦实施这样的统治。哪个粗野的男人能够抵御温柔的妻子口中发出的体面而理性的声音？看到你们简单纯朴的装扮因你们自身的光彩而似乎更加衬托出你们的美，谁不鄙视虚浮的奢华？是你们一直通过自身亲切而纯洁的权威，本着婉言相劝的精神，维护了这个国家对法律的热爱以及公民之间的和睦；通过幸福的婚姻使不和的家庭重归于好，尤其是，通过你们温柔而具有说服力的教导和谦逊而优雅的交谈，纠正我们的年轻人在其他国家沾染的不良癖好。这些年轻人本可以从其他国家无数有用的事物中得益，但是他们只是从堕落的女子那里学来幼稚的语气和可笑的神情，带回对那种我所不了解的所谓荣华的倾慕，而这种荣华不过是对奴役的一文不值的补偿罢了，永远都不值得用庄严的自由来交换。因此，保持你们原来的样子吧，你们是道德的圣洁的保卫者，也是和平的甜蜜纽带，继续时时维护心灵和自然的权利，促进职责的履行和德性的培养吧。

我深信，将公民共同的幸福和共和国荣耀的希望寄托于这样的保证之上，完全顺应现实情况。我承认，尽管有了所有这些优点，共和国并不会发出令大多数眼睛迷乱的光芒，而对于这种光芒幼稚而有害的迷恋则是幸福和自由最致命的敌人。让放荡的年轻人到别处去寻求肤浅的乐趣，而后痛悔不已吧！让所谓的有品位的人到其他地方欣赏富丽堂皇的宫殿、华丽的车马随从、气派的家具摆设、豪华盛大的演出，以及一切穷奢极欲的生活吧！在日内瓦，人们能够欣赏的只有人，但是，日内瓦人组成的画面具有它深刻的价值，意图欣赏这幅画面的人一点也不亚于欣赏其他东西的人。

慷慨、尊敬、至高无上的大人们，请以同样的善意接受我恭敬地对你们共同的繁荣昌盛所表示的关注吧。假如我不幸在内心情感的大肆吐露中犯了某种过分激动的冒失之罪，请你们原谅我作为一个真正爱国者的温柔的爱国之情，原谅这个人强烈而合理的热忱，因为只有看到你们全都幸福，才是他自己最大的幸福。

慷慨、尊敬、至高无上的大人们，我向你们致以最深切的敬意。

你们十分卑微而顺从的仆人和同胞　让—雅克 · 卢梭

1754年6月12日于尚贝里

序　言

我认为，人类一切知识中最有用但又最落后的是关于人的知识。［注二］我敢断言，德尔斐神庙[1]中唯一的铭文所包含的箴言，比伦理学家所有厚重的书籍更加重要、更加难懂。同样地，我将这篇论文的主题视作哲学家能够提出的最有意义的问题之一，不幸的是，对于我们来说，这也是哲学家能够解决的最棘手的问题之一。因为人们若是不从了解他们自身入手，又如何去了解人与人之间不平等的起源呢？人类如何通过时间的流逝和事物的更迭必然引起的人类原始体质的变化，最终看到自然所造就的人最初的模样，将他源于自身本质的东西与环境及其自身发展对他的原始状态所作的添加和改变区分开来呢？正如格劳库斯[2]神像，时间、海水以及暴风雨严重毁损了它的形体，令它看起来更像是一只残暴的野兽而非一尊神灵；人类的灵魂在社会之中也因不断新生的种种原因、大量知识和谬误的获取、身体构造上的变化、

1　德尔斐神庙位于希腊的福基斯，德尔斐意为“全希腊的圣地”，神庙上所刻的箴言为“认识你自己”。

2　希腊神话中鱼尾人身的海神。

激情不断的冲击而变质，可以说是变得面目全非，几乎难以辨识。在人类身上能找到的，只有自认为理性的激情和谵妄的理解力之间扭曲的对立，而不再有始终根据确定不变的原则行事的人，也不再有造物主烙印在他们身上的神圣而崇高的纯朴。

更加残酷的是，人类的一切进步都不断地令他远离他的原始状态，我们越是积累新的知识，就越是失去获得所有知识中最为重要的那部分的手段。从某种意义上说，正是因为不断地对人进行研究，才使得我们没有能力认识人。

显然，我们应当在这些人类体质的持续变化中寻找人与人之间差别的最初根源。人类之间天生平等，正如每个种类内部的动物之间那样，在各种自然原因造成某些种类身上我们觉察得到的变化之前，它们之间也是平等的，这一点为大家所公认。事实上，无论这些最初的变化是如何产生的，都不可想象它们是一下子以同样的方式改变了人类所有的个体。但是，某些个体或是进化或是退化了，获得了各种非他们本质上所固有的或好或坏的品质，其他的则是更长久地停留在原始的状态，而这就是人与人之间不平等的最初根源，笼统地指出这一点比确切地指出其真正的原因要来得容易。

因此请我的读者们不要认为我竟敢自诩已经发现了我认为如此难以发现的东西。我着手进行了一些推理，尝试了一些推测，与其说是希望解决问题，不如说是意图使问题明晰化，并且将它还原成它本来的样子。有人可能在这条路上很容易就走得更远，但对任何人来说，要走到底都不是件容易的事。因为要在人类现今的本质中区分出原始的和人工的东西，深刻认识一种已然不存在、可能从未存在过，也可能永远不会存在的状态不是件轻松的事。但是，为了对我们目前的状态作出正确的判断，我们还有必要理清一些正确的基本概念；为了对这个课题作充分的考察，就得着手确定要采取的措施，而这甚至需要超乎我们想象的更多的哲学知识。我认为对于以下问题的解决方案值得我们这个时代的亚里士多德和普林尼[1]们进行探究：为了能够认识自然人，哪些实验必不可少？在社会中应当以何种方式来进行这些实验？虽然我离着手解决这个问题还很远，但是我自认为对这个课题进行了足够的思考，从而敢于预先答复道：即便是最伟大的哲学家或是最强大的统治者都没有优秀到可以指导或进行这些实验；期待这两者之间的协作几乎是不合理的，尤其是，要获得成功，双方必须具备坚忍不拔的精神，或者更确切地说，不断的启蒙和必要的善意。

这些研究做起来十分困难，到目前为止也几乎没有人想到要做，但是，它们却是清除阻止我们了解人类社会的真正基础的许多困难的唯一方法。正是对于人类本质的无知，使得自然权利的真正定义变得晦涩不明，因为，比尔拉马基[2]说：权利的概念，尤其是自然权利的概念，显然是与人类的本质相关的概念。因此，他继续说道，应当从人类的本质本身、从他的体质和状态推断出这门科学的原理。

---

1 普林尼（23—79），古罗马博物学家，代表作为《博物学》，共37卷。

2 比尔拉马基（1694—1748），日内瓦科学院教授，代表作是《自然权利原理》、《政治权利原理》。

我们不无惊讶和耻辱地发现,在这个重大问题上,研究它的不同作者之间极少意见一致。即便是在最重要的作家之中,我们也几乎找不到两个在这个问题上意见相同的,更不要提那些古代的哲学家了,他们似乎一心想要在最基本的原理上彼此针锋相对。罗马的法学家则不加区别地让人类和其他所有的动物服从同样的自然法,因为他们认为,自然法是自然强加于自身的法则,而不是自然为别人制定的法则;或者更确切地说,因为这些法学家根据“法律”这个词的特殊意义来理解它:在这种情况下,他们似乎仅仅将“法律”用来表达自然为了所有生物的共同存续而在它们之间建立的普遍关系。现代人只承认法律是为道德存在制定的规范,亦即置于与其他生物的关系之中加以考虑的智慧且自由的存在,因此,他们将自然法的管辖权范围限于唯一具有理性的动物,也就是人类。但是,由于每个人对于这种法则的定义方式不同,并且所有的人都将这种法则建立在十分形而上学的原理的基础之上,以至于即便是我们之中也极少有人能够理解这些原理,更没有能力自己发现这些原理。因而这些博学的人的所有定义永远处于互相矛盾之中,它们只有在以下这点上达成一致,那就是:若非特别伟大的推理家和高深的玄学家,根本不可能理解自然法,从而也不可能服从于它。这恰恰说明,人类为了建立社会必然运用了许多智慧,而这些智慧即便是在社会之中也是要费尽心血才能发展起来的,并且只能为极少的人所拥有。

由于对自然了解甚少,而在“法律”这个词的意义上又众说纷纭,因此,很难在自然法的恰当定义上达成一致。因此,我们在书籍中找到的所有定义，除了具有完全不一致的缺点之外，还有一个缺点，那就是这些定义源于人类并非天生具有的各种知识，源于他们只有在脱离自然状态之后才能设想的一些利益。人们一开始是寻求一些人与人之间为了公共利益适宜达成一致的规则，之后将“自然法”的名称赋予这些规则的集合体，这么做唯一的论据是，人们发现，这些规则的普遍适用带来了利益。这确实是一种下定义的十分便利的方法，也是一种通过近乎随意的准则来解释事物的本质的方法。

但是，只要我们完全不认识自然人，那么我们想要确定自然人所接受的法则或是最适合他的体质的法则都将是徒劳的。有一点我们了解清楚，那就是这种法则要成其为法，那么受它约束的人就必须是在知情自愿的情况下服从于它；不仅如此，为了使这种法则具有自然的特征，它还必须直接用自然的声音说话。

因此，把那些只教导我们研究人类已然被造就的模样的科学书籍丢在一边吧，思索人类的心灵最初、最简单的运作吧，我认为在其中觉察到了两个先于理性的本源，其中一个令我们热切地关注自身的福利和存续，另一个使我们本能地厌恶看到任何感性的生命——主要是我们的同类——死亡或受苦。我们的思想所能做的，是将这两个本源协调结合，在我看来，自然法的所有规则都源于此，无须再引入社交性这个本源。之后，理性不断的发展最终窒息了人的本性，从而它不得不在其他基础之上重建这些规则。

如此，我们完全不必在将人培养成人之前先将他培养成哲学家。人对于他人所负的责任不仅仅是由智慧迟来的教导规定的，只要他完全不抵抗同情心的内在驱动，他就永远不会伤害另一个人，甚至不会伤害任何有感觉的生命，除非是在涉及他自身生存问题的正当情况下，他才不得不偏向于自己。通过这种方式，我们也结束了动物参与自然法的长久争论。因为很显然，动物由于缺乏智慧和自由，不可能认识这种法则。但是由于动物天生具有的感觉力使得它们在某些方面与我们的本性相似，因此，有人认为它们也应当参与自然法，人类对于它们不得不负有某种责任。事实上，假如我必须不伤害我的同类一丝一毫的话，那么似乎不是因为他是一个理性的生命，而是因为他是一个有感觉的生命，这是人与兽共有的品质，这种品质至少应当赋予一方绝对不被另一方白白虐待的权利。

这一对于原始人及其真实的需要、责任的基本原理的研究，依然是我们能够用以排除无数困难的唯一的好方法。这些困难表现在精神不平等的起源、政治体真正的基础、政治体成员之间相互的权利以及成千上万其他类似的既重要又尚未明晰的问题方面。

当我们用冷静而公允的目光审视人类社会，它首先展示的只是强者的暴力和对弱者的压迫，于是在内心厌恶某些人的冷酷，又倾向于痛惜另一些人的愚昧。由于在人类之中，没有什么比这些通常由偶然而非智慧造就的，人们称之为弱或强、贫或富的外在关系更加不稳定的了，因此，乍一看来，人类的制度似乎建立在流沙堆上，只有对它们进行仔细的考察，只有在扫除建筑物周围的灰尘和沙土之后，才能发现它得以建立的不可动摇的基石，才能学会尊重它们的基础。然而，缺乏对人、对人的自然才能及其不断发展的严肃研究，我们永远无法做出这些区分，无法在事物现有的构成中区分神的意志所造就的部分和人类艺术企图造就的部分。我所考察的重要问题引发了政治和道德方面的研究，这些研究无论如何都是有用的，关于政府的假想史从各方面来说都对人类具有教育意义。考虑到假如我们任由自己发展可能会变成的样子，我们就应当学会感恩上帝，是他伸出乐善好施的手，纠正我们的制度，赋予这些制度不可动摇的基础，预防了可能从中产生的混乱，并且用似乎应当让我们悲惨至极的方法造就了我们的幸福。

上帝希望你成为什么样的人？
你在人类中处于什么样的位置？
对此你要心中有数。[1]

1　见波尔斯的《讽喻诗》。第三卷，第71—73页。

第戎科学院提出的问题：

什么是人类不平等的起源，它是否为自然法所许可？

关于注释的说明

根据我时断时续的懒惰的工作习惯，我为这篇论文添加了几个注。这些注释有时相当偏题，以至于不适合与正文一起阅读。因此，我将它们抛到了论文的最后，并试图在论文中尽可能地紧扣主题。有勇气重读本论文的人，可能乐于在读第二遍的时候有些新收获，从而试图浏览所有的注释；其他人若是根本不读注释也没有什么坏处。

导　论

我要谈论的是人类，而我要考察的问题告诉我，我也将面向人类讲述，因为人们若是害怕赋予真理尊荣的地位，就根本不会提出类似的问题。因此，我将在邀请我参加此次征文比赛的智者面前，自信地捍卫人类的事业；假如我能无愧于我的主题和我的评判官的话，我将对自己感到十分满意。

我认为，人类之中存在两种类型的不平等：一种我称之为自然或生理上的不平等，因为这种不平等是自然确立的，包括年龄、健康、体力、智力或精神素质方面的不平等；另一种可以称之为伦理或政治的不平等，因为它依赖于某种契约，是经过人们的同意而建立，或者至少说是许可的不平等。这后一种不平等包括某些人享有的有损于其他人的各种特权，比如比其他人更加富裕、更加尊贵、更有权势，或者甚至是让其他人服从自己的特权。

我们无需询问自然的不平等的起源，因为该词的简单定义已经宣告了其答案；我们更不用思索在这两种不平等之间是否完全不存在任何本质的联系，因为换句话说，这就相当于是询问，下达命令的人是否必然比服从的人更强？在同样的个人身上，体力或智力、知识或是道德是否总是与权势和财富成正比？或许，这个问题对于煽动主人所熟知的奴隶来说是合宜的，却不适合寻求真理的理性而自由的人。

那么，确切地说，本篇论文的内容是什么呢？它旨在证明在事物的发展过程中，何时权利接替了暴力，本性服从了法律；解释是何种一连串的奇迹使得强者决定为弱者效劳，人民决定用真正的幸福换取虚幻的安宁。

研究过社会基础的哲学家都觉察到了溯及自然状态的必要性，但是他们之中没有人曾经做到过。有些人毫不犹豫地假定处于这个状态的人具有正义和非正义的观念，却不考虑证明人类必然拥有这个观念，甚至也不考虑说明这个观念对于人类的用处。另一些人谈论了每个人都拥有的保留属于自己的东西的自然权利，却没有解释何谓他们所理解的“属于”。还有一些人首先赋予强者凌驾于弱者之上的权力，随后很快地设想政府的诞生，不考虑在人类之中产生“权力”和“政府”这两个词的意义之前必须要经历的时间。最后，所有的人都不断地谈论需求、贪婪、压迫、欲望、骄傲，将他们在社会中获得的概念转移到自然状态之中。他们谈论的是野蛮人，描述的却是社会人。甚至于，我们之中的大部分人都没有怀疑过自然状态的存在，然而，《圣经》告诉我们，人类的始祖即时地从上帝那里获得了智慧和训诫，因此很明显，他本身并不处于这种自然状态之中。若是我们赋予摩西的论著所有基督哲学家都应当给予的信任，那么就必须否认人类曾经处于纯粹的自然状态中，即便是在洪荒之前。除非，人类因为某种离奇的事件而坠入其中。这是一个很难对其进行辩护的悖论，也完全不可能加以证明。

那么首先让我们抛开所有的事实，因为它们与探讨的问题毫无关系。不应当将我们能够了解的关于这个课题的研究视作历史的真实，而是只能将它们看作假定的、有条件的推理；因此，它们更加适用于澄清事物的本质，而不是揭示真正的根源，正如我们的物理学家每天都做的关于宇宙形成的推理一样。宗教命令我们相信，上帝在创造了人类之后，即刻就将他们从自然状态中解救出来，人类之间的不平等源于上帝的意志。但是，宗教并不阻止我们仅仅根据人类及其周围生物共享的自然形成一些推测，亦即人类若是任由自身发展可能会变成什么样子。这就是我被要求回答的问题，也是我在这篇论文中试图研究的问题。我的课题涉及普遍意义上的人，我努力采用一种适合所有民族的语言，或者确切地说，忘记时间和地点，只考虑我的论述所面对的人们。我假设自己是在亚里士多德在雅典开办的学院里练习老师的授课，柏拉图和色诺克拉底[1]那样的人是我的评判官，人类是我的听众。

哦，人类，不论你生活在什么地方，不论你持什么样的观点，请仔细倾听，这是你的历史，我认为，这是在从不说谎的自然中，而非在你那些谎言家同类的书籍中读到的你的历史的原样。一切源于自然的东西都是真实的。唯一可能虚假的是我不由自主加入其中的自己的东西。我要谈论的年代十分久远，你现在的样子比起那时改变了多少啊！可以说，我要向你描述的是你的

1　色诺克拉底（公元前394—前314），希腊哲学家，柏拉图的弟子和追随者。主要研究伦理学和形而上学。

族类的生活，并且根据你先天获得的品质来描述。这些品质可能已经被你的教育和习惯所败坏，但是它们不可能被完全摧毁。我感觉到，曾经存在一个个人想要停留的时代，你希望你的族类停留的时代。由于你对现状的不满，又由于一些预示着你不幸的后代将会更加不满的理由，或许你会希望自己能够倒退，这种情感表明，你颂扬你的原始祖先，批判你的当代人，害怕你的后人生活得不幸。

第一部分

为了对人类的自然状态做出正确的判断，从人类的起源对其进行考察，也就是说在人类的雏形之中对其进行考察十分重要。尽管如此，我绝不会通过人类的不断进化来研究他的构造，我也不会花时间去研究最终成为现在这样的人类最初在动物体系中可能的模样。我不会如亚里士多德所想的那样，考察人类的长指甲最初是否是钩形的爪子，他是否如同熊一样浑身毛茸茸，是否四肢着地行走，［注三］目光专注于地面，但视野仅限于几步远的地方，从而同时限定了他思想的特征和范围。在这个课题上，我只能形成一些模糊的几乎是想象的臆测。比较解剖学的进展还太微乎其微，博物学家的观察结果也还太过不确定，从而无法据此进行可靠的推理。因此，假如不求助于我们在这个方面所具有的超自然知识，也不考虑随着人类将四肢用于新的用途，食用新的食物，其内部和外部构造方面应当发生的变化，那么我就可以假定他一直都是我今天所看到的样子，用双脚行走，如同我们一样使用双手，目光遍及整个自然界，眼睛探索着浩瀚无际的天空。

假如剥除如此构造的这个生物身上所有的超自然天赋，所有他只能通过长期的进化获得的非自然才能，简言之，就是按照他应当从自然之手中出来时的原样对他进行观察，那么我看到的是一个不如其他动物强悍的动物，也不如其他动物灵敏。但是，从整体上来说，他的组织构造是所有动物中最优化的。我看到他在一棵橡树底下饱餐一顿，遇到小溪就饮水解渴，在为他提供食物的树底下睡觉，如此，他的需求便得到了满足。

土地处于自然生长的肥沃状态，[注四]上面覆盖着未遭斧头砍伐的无边无际的森林，因此处处都为各种动物提供了食物储备和栖息之所。散布在动物之中的人类观察、模仿着它们的技能，直至获得这些兽类的本能。每种动物都只有各自的优势，人类可能并不拥有任何自身独具的优势，但是，他的优势在于，他将所有动物的优势纳为己用，同时食用大部分其他动物分享的各种食物，[注五]因此，他比其他任何动物都更容易找到生活必需品。

由于自童年开始便习惯于气候的无常和季节的严酷，他被锻炼得吃苦耐劳，被迫赤手空拳、赤身裸体地为保卫自己的生命和猎物与猛兽作斗争，或是为了躲避猛兽的猎捕而奔跑，因此人类形成了强壮而结实的体格。孩子在出世之时自他们父辈那里承袭而来的优良体质，在经历了造就这种体质的同样的训练之后得以强化，从而获得了人类能够拥有的一切力量。自然对待人类正如斯巴达法律对待公民的孩子一样：它让体质良好的人变得更加强壮，让所有其他人死亡。这一点与我们的社会不同，在我们的社会里，国家让父母负担抚养孩子的高昂费用，从而使很多孩子在出生前就被不加区分地杀死了。

野蛮人的身体是他唯一熟悉的工具，他将之用于各种用途，而我们的身体由于缺乏练习已经没有能力做到了。我们的工业夺走了野蛮人为生存所迫而必须获得的力量和灵活性。假设野蛮人拥有一把斧头，他的手腕还能否折断粗壮的树枝？假如他有一台投石器，他的手是否还会强悍地投出石头？假如他有一架梯子，他是否还能轻巧地爬上树梢？假如他有一匹马，他是否还能跑得如此飞快？文明人有充足的时间将所有机器聚集到自己身边，我们不会怀疑他能轻易超越野蛮人的能力。但是，如果你想要看到一场更加悬殊的战斗，那么就让他们打着赤膊、不带任何武器地面对面，很快你就会承认，可以持续地运用自己的力量，随时都能应对各种事件，也就是说，总是能够完全依赖自身，那是种多大的优势。[注六]

霍布斯[1]声称，人类生来无畏，只追求攻击和战斗。一位杰出的哲学家[2]的看法则相反，坎伯兰[3]和普芬道夫[4]也肯定了他的观点。他们认为，在自然状态中，人类最为胆怯，他总是惊惶不安，听到任何一点声响、觉察到任何一点动静就准备逃跑。人类对于他所不熟悉的事物的反应可能是这样的，我一点也不怀疑，任何出现在他面前的新景象都会让他受到惊吓，只要他不能分辨它会给他的身体带来利还是弊，只要他无法将自己的力量

1　霍布斯（Thomas Hobbes, 1588—1679），英国唯物论政治哲学家，其代表作《利维坦》是之后所有西方政治哲学发展的奠基之作。

2　这里指的是孟德斯鸠，其代表作为《论法的精神》。

3　坎伯兰（Cumberland，1631—1718），英国圣公会主教，著有《论自然法》。

4　普芬道夫（Pufendorf, 1632—1694），德国法学家和史学家，属古典自然法学派，代表作为《论自然法和国际法》。

与必须冒的危险进行比较。这些情况在自然状态中是罕见的，因为自然状态中的所有事物都以如此整齐划一的方式运转，地面上根本不易发生这样持续性的突变，那是聚集在一起的人们的激情和反复无常所造成的。但是，野蛮人分散地生活在动物之间，早就处于与它们相较量的状态之中，因此他很快就可以与之做出比较，感觉到自己在灵活度上对它们的超越尤甚于它们在力量上的优势，因此他学会了不再惧怕它们。让一头熊或一匹狼与一个强壮、灵活而勇敢的野人——所有的野人都是如此——搏斗，让野人配备石头和一根好使的棍子，你会发现，风险至少是双方都有的。猛兽不喜欢互相攻击，因此在几次同样的经验之后，当它们发现人类与它们一样勇猛时，也就不太愿意攻击人类了。至于那些凭力量确实能够在灵活性方面压倒人类优势的动物，人类面对它们时所处的境地便与其他更加弱小的物种一样了。但那些弱小的物种依然能够存活下去，人类也有这样的优势，因为人类奔跑起来与它们一样精力充沛，他可以在相当可靠的树上找到自己的避难所。当遭遇强大的猛兽之时，到处都有可以攀上爬下的树，因此是逃是战，全凭自己选择。此外，似乎没有什么动物天生喜欢与人类作战，除非是出于自卫或是极度饥饿；它们似乎也没有表现出对人类强烈的敌意，亦即表明某个物种天生是另一个物种的食物的那种敌意。[1]

1　或许这就是为何黑人和野蛮人不在乎在森林中遇到野兽的原因。委内瑞拉的加勒比人就与其他动物混居在一起，他们感到很安全，没有什么不便之处。弗朗索瓦·科雷尔说："尽管加勒比人几乎全都赤身裸体，但他们依然敢于仅仅携带弓箭进入森林，却从来不曾听说有人被猛兽吃掉的事情。"——1782年版附注（这是1782年论文再版时，编者根据卢梭自己作的批注添加的。）

（弗朗索瓦·科雷尔的上述话选自其著作《西印度群岛游记》。——译注）

人类其他更可怕的敌人是一些天生的弱点——亦即虚弱的幼年期和衰老期——以及各种疾病。对于它们，人类无法用同样的手段来抵抗。这是我们弱小的悲哀的表征，其中前两种是一切动物所共有的，最后一种则主要为生活在社会中的人类所有。我甚至观察到，在幼年期，母亲将孩子随身携带，从而比一些雌性动物养育孩子要方便得多；后者被迫不断来回奔波，既要出去寻找它们的食物，又要回窝哺乳和喂养幼崽，更加疲惫不堪。诚然，假如母亲死亡，孩子也非常有可能同她一起死，但是这种风险对于千百种其他动物来说是一样的，因为它们的幼崽要经历很长时间才会有能力自己去寻找食物。尽管人类的幼年期更长些，但人类的生命也更加长久，因此在这一点上，一切几乎还都是同等的。[注七]尽管在幼年期的期限和孩子的数量[注八]方面还存在其他的规则，但那不是我的课题。老年人的活动和劳作少，对于食物的需求也随着获得食物能力的降低而减少，由于野蛮的生活令他们远离痛风和风湿病，又由于衰老是所有不幸之中人力最无法缓解的，他们最终会悄无声息地死去，没有人意识到他们生命的终止，就连他们自己也几乎意识不到。

关于疾病，我绝不会重复大多数健康的人针对医学发布的错误而无意义的夸张言论，但我要问，是否存在某种可靠的观察结果，据其我们可以得出这样的结论：医学最受忽视的国家中人的平均寿命，比最受重视的国家中人的要短？假如我们给自己造成的病痛甚于医学提供给我们的治疗手段，那么这种情况又是如何发生的？因为生活方式的极度不规律：一些人闲散过度，另一些人劳作过度；食欲和感官欲望容易被激发，也容易得到满足；富人的饮食太过讲究，精致的食物让他们得便秘，深受消化不良之苦；穷人食用低劣的食物，甚至于经常连这样的食物都吃不上，食物的匮乏令他们一有机会就贪食；彻夜不眠，事事放纵，各种情绪的极度激动；疲惫不堪，殚精竭虑，忧心忡忡；在各种情况下承受的无数痛苦永久地折磨着人类。这些令人沮丧的证据表明，我们大多数的不幸都是自己的杰作，只要保持自然为我们制定的简朴、单一、独居的生活方式，它们就几乎可以全部避免。如果自然注定人类的健康，那么我几乎敢于肯定，沉思的状态是一种反自然的状态，沉思的人类是一种堕落的动物。当我们想到野人，至少是还未被我们的烈酒败坏的野蛮人的良好体质之时，当我们得知他们除了受伤和衰老之外几乎不患任何其他的疾病之时，我们很容易就相信，只要循着文明社会的历史踪迹，就能够轻而易举地得出人类疾病的历史。至少这是柏拉图的观点，他根据特洛伊之围时波达利尔和马加翁[1]所使用或证明有效的某些药物判断出，这些药物可能激发的各种疾病在当时根本不为人类所知。[2]

在自然状态中，疾病的来源十分之少，因此人几乎不需要药物，更不需要医生。从这方面来看，人类的处境也根本不比任何

1 波达利尔和马加翁是希腊神话中医药神阿斯克勒庇俄斯的儿子，特洛伊战争中的英雄人物，在希腊军队中当军医。

2 塞尔斯说：现今对于人们来说十分必要的节食疗法是希波克拉特的发明。——1782年版附注

（塞尔斯，奥古斯都时代的罗马医生。

希波克拉特（约公元前460—前370），伯里克利时代的希腊医生、哲学家，被尊为医学之父。——译注）

其他动物更差。从猎人那里也很容易得知在他们的追捕之中是否有很多病弱的动物。他们见过几只曾受重伤却愈合良好的动物，它们的骨头，甚至是四肢曾经断裂，但随着时间的流逝在日常生活中便得以恢复，不需要外科医生，也不需要特定的饮食制度。它们压根没有承受手术之苦，也不曾受到药物的荼毒，更没有因禁食而虚弱不堪，但也并没有因此而治愈不良。最后，无论高明的医学对我们来说是多么有效，有一点始终确定无疑：假如随其自生自灭的患病的野人只能希冀自然的庇佑，那么从另一方面来说，他除了自己的疾患之外也就无所畏惧了，这就通常使他的处境比我们的更加有利。

因此，我们要注意不能将野人与我们眼中看到的人混为一谈。自然对于所有托付给它照料的动物都怀有一份偏爱，这种偏爱似乎表明了它是多么珍惜这个权利。森林里的马、猫、公牛和驴连身量都比我们家养的高，它们的体质全都更加强壮，更有活力、力量和胆气。当它们沦为家畜之时，就失去了一半这样的优势。可以说，我们对于这些动物所有的精心照料和饲养最终只是令它们退化罢了。人也是如此：一旦成为社会人和奴隶，他就变得羸弱、胆怯、卑躬屈膝，安逸而萎靡的生活方式最终令他软弱无力，丧失勇气。此外，野蛮人与文明人之间的条件差异应当比野兽和家畜之间的条件差异还要大，因为自然对于动物和人一视同仁，而人类给予自己的舒适条件比他给予驯养动物的要多，这些正是其退化得更加显著的特殊原因。

因此，尽管原始人类赤身裸体、漂泊不定，没有一切我们认为十分必要的华而不实之物，但这对于他们来说并不是一种巨大的不幸，对于他们的生存来说也尤其不是一种巨大的障碍。虽然他们没有毛皮，但是在炎热地区，他们并不需要；而在寒冷地区，他们很快就会懂得将他们所制服的动物的毛皮据为己用。虽然他们只有两条腿可以奔跑，但是他们有两条手臂可以用来自卫和获得自身所需。他们的孩子或许学步迟而艰难，但母亲们很容易就将他们背负于身，这些优势是其他物种所不具备的。其他动物的母兽一旦遭遇追捕，就不得不抛弃自己的幼崽，或者根据它们的步伐调慢速度。[1]总之，除非我之后要谈到的那些情况怪诞而意外地同时出现——这很有可能永远都不会发生——否则不管怎样，第一个为自己做衣服、造房子的人都是给自己配备了不必要的东西，这一点显而易见：因为在此之前，他并不需要它们，也看不出有任何理由令他在成人之后便不能承受一种自童年时起便承受的生活。

野蛮人孤单而闲散，与危险相随相伴，因此，他必然喜爱睡觉，并且同其他动物一样睡眠轻浅。动物鲜少思考，可以说，它们在不思考的时候就一直在睡觉。野蛮人自身的生存几乎是其唯一关注的事情，他最熟练的才能应当是以攻击与防御为主要目的，或是为了制服猎物，或是为了避免自己成为其他动物的猎物。相反地，只能通过奢侈逸乐和耽于声色才得以完善的器官应当是处于粗笨的状态，不具备任何灵敏度。在这一点上他的

1 在这一点上可能也有例外情况。比如尼加拉瓜有一种类似狐狸的动物，它的脚像人的手。据科雷尔所说，这种动物的母兽肚子底下长了一个口袋，逃跑时就将幼崽放在里边。这可能就是在墨西哥被称作特拉瓜金的动物，据拉埃特所说，这种动物的母兽肚子底下也有这样一个用途相似的口袋。——1782年版附注
（让·德·拉埃特，荷兰地理学家、博物学家、哲学家。——译注）

感官表现两极分化：他的触觉和味觉十分迟钝，而视觉、听觉和嗅觉则极为灵敏。一般情况下动物的状态便是如此。根据旅行家的报告，这也是大部分野人的状态。因此，好望角的霍屯督人仅凭肉眼就可以发现荷兰人需借助于望远镜才能看到的远洋上的船只；美洲的野人能够如同最好的猎犬那样嗅到西班牙人的行踪；所有这些未开化的民族都能轻而易举地忍受赤身裸体的生活状态，大量食用辣椒来刺激胃口，喝起欧洲烧酒来如同喝水一样，这些都全然不足为奇了。

到目前为止，我考虑的仅仅是肉体层面的人。现在让我们从形而上以及精神的层面来考察他。

我认为，所有的动物都只是一部精巧的机器，自然赋予了它们感官，以便让它们能够自我恢复，并在一定程度上保护自己免受任何可能的破坏或扰乱。我在人类机器上发现了完全相同的东西，差别在于自然独自操控了动物所有的活动，而人类则作为自由的行为人促进自己的活动。前者根据本能取舍，后者则根据自由行为，这使得动物不会背离自然为其订立的规则，即便这么做于它有利，而人类经常背离这种规则，即便这么做有损于自己。因此，鸽子可能饿死在装满了上等肉类的盆子边上，猫也可能饿死在一堆水果或谷物之上，尽管如果它们考虑尝试的话，它们是完全可以食用这些平常不屑的食物的。同样地，放荡的人们因纵欲无度而发烧死亡，因为精神败坏了感官，当自然需求因满足而沉寂，意志依然在叫嚣着索取。

任何动物都有感官，因此它们也都有观感，甚至于它们能将观感整合至一定的程度，在这一点上，人类与动物的差别仅仅在于程度的不同。有几个哲学家甚至提出，某个人与某个人之间的差别比某个人与某只兽之间的差别更大。因此，人与动物之间的种差与其说是由智力决定的，还不如说是由其自由行为人的资质所决定的。自然操控所有的动物，兽类服从这种操控。人类感受到了这种操控，但是人类自认为具有接受或抗拒的自由，他的精神的灵性恰恰表现在这种自由的意识之中：因为物理学在某种意义上解释了感官的机制和思想的形成，但是在意志力或者确切地说在选择能力方面，在对于这种能力的意识方面，我们只发现一些完全无法用机械法则来解释的纯粹的精神行为。

尽管围绕所有这些问题还存在诸多困难，因此在人类与动物之间的这种差别上可能还留有某些争论的余地，但是，还存在另一种将人类与动物区分开来的十分特殊的品质，这一点无可辩驳：那就是自我完善的能力。这种能力在环境的助力之下，不断地发展所有其他的能力，它既存在于人这个种类之中，也存在于个人身上。动物则不同，几个月大的动物与它之后一辈子的样子毫无差别，它的种类在一千年之后依然是最初那年的样子。为何只有人类才易于变得衰弱呢？他是否就因此又回到了原始状态？当兽类因为既没有获得什么，也没有失去什么而始终保留着它的本能之时，人类因衰老和其他事故又失去了他的可完善性令他获取的一切，因此堕落到比兽类更低级的地步？令我们感到悲哀的是，我们不得不承认这种几乎不受限制的特殊才能是人类一切不幸的渊源。正是这种才能，随着时间的流逝，使人类从宁静而纯真的原始生活状态中脱离出来；也正是这种才能，在岁月的更替中创造了人类的知识与谬误，恶习与美德，久而久之，令人类成为自身与自然的暴君。［注九］奥里诺科河岸的居民将木板贴在孩子们的太阳穴上，认为这些木板至少可以确保他们一部分的愚笨以及原始的幸福，若我们不得不将第一个建议这种做法的人誉为大恩人，那将是多么可怕的事情。

自然使得野蛮人仅受唯一的本能的支配，或者确切地说，是某些才能补偿了他可能缺乏的本能，这些才能首先能够填补这些缺失的本能，然后将它们提升到远远凌驾于本能的能力之上。因此，野蛮人一开始是根据纯粹的动物功能行为的。［注十］感觉是他最初的活动状态，这一点与其他动物相同。愿意与不愿意、渴望与恐惧是其最初，也可能是唯一的精神活动，直至新的情况令其在这方面得到新的进展为止。

不管伦理学家怎么说，人类的智力在很大程度上受益于情感，而情感也大大地受益于人类的智力，这一点为大家所公认。正是情感的活动使得我们的理性得以完善，我们之所以寻求知识只是因为我们渴望享受，因此无法想象一个既没有欲望也没有畏惧的人如何会费力地进行思考。情感本身源于我们的需要，情感的发展源于我们的知识，因为我们只能根据对事物的观念或者根据单纯的自然冲动渴望或畏惧它们。野蛮人不具有任何知识，只体验得到后一种情感，他的欲望不外乎他生理上的需求。［注十一］在这个世界上他所了解的唯一的福利是食物、雌性和休息，他所畏惧的唯一的不幸是疼痛和饥饿。我说的是疼痛而非死亡，因为动物从来都不知道什么是死亡，对于死亡以及死亡之恐怖的了解是人类脱离动物状态时最先获得的知识之一。

如果必要的话，我将很容易地用事实来支撑这个观点，并且让人看到，在世界上所有的民族之中，精神的进步恰恰与自然赋予人们或是环境迫使他们产生的需求成正比，因此也与情感成正比，因为情感促使他们去满足这些需求。我将表明艺术初生于埃及，并且随着尼罗河的泛滥传播开来；我在希腊人那里注意到艺术的进步，在那里，我看到它在阿提喀的沙石中萌芽、生长，上升到与天同高的地步，却不能在奥诺塔斯河肥沃的河岸扎根。我发现一般情况下北方的人民比南方的人民更加灵巧，因为他们不能不如此，仿佛自然想要通过这种方式来达到事物之间的平衡：既然拒绝赋予肥沃的土地，那就赋予精神的创造力。

但是，假设我们不求助于历史不确定的证明，那么谁又看不出来，一切似乎都令野蛮人抛弃不再成为野蛮人的企图和手段呢？他的想象力不能为他描绘任何东西，他的内心也不向他提任何要求；他微弱的需求随手就可以容易地得到满足，他拥有的必要知识的程度远远不够，从而不会渴望获得更高深的学识：因为他对此既没有预见力，也没有好奇心。自然的景象对他来说变得无关紧要，因为他对这一切已经熟视无睹：总是同样的秩序，同样的循环。他没有为绝世奇观而惊奇的精神，因此不应当期待他拥有人类对日常现象进行观察所需要的哲学思想。任何事物都扰乱不了他的内心，他只关注自己目前的生存，对于未来没有任何的想法，不管这个未来是多么地迫近。他的计划如同他的视野一样短浅，勉强延伸到一天之末。直至今天加勒比人的预见力的程度依然如此：他在早上卖掉自己的棉床，因为不能预知自己下一个夜晚还需要它，到了晚上就哭着将它赎回来。[1]

我们在这个课题上思考得越多，就越看到纯粹的感觉与最简单的知识之间距离的增大。无法想象一个人如何能够不依靠任何的交流，不受任何需要的刺激，仅仅通过自己个人的力量跨越如此宽阔的距离。要经历多少个世纪，人类才能够发现天火以外的另一种火？又必须经历多少次不同的偶然事件，才学会对于这种元素进行最为常见的运用？要任火熄灭多少次之后，才获得生火的技艺？又可能有多少次，每个秘诀随着发现它的人的死亡而消失？对于农业，我们要如何评价？它是一种需要如此之多的劳作以及预见力的技艺，并且依赖于其他的技艺。显而易见，它只有在至少已经起步的社会中才可行。与其说它为我们从土地中提取食物，不如说它迫使土地迎合我们的偏好，生产最符合我们的口味的东西：因为没有农业，土地也完全可以为我们提供食物。但是，假设人类繁殖得如此之多，自然的生产已经不足以养活他们——顺便说一句，这个假设表明了人类这种生活方式的一个巨大优势；假设没有打铁铺和工场，劳动工具从天而降落在野蛮人手里，假设这些人克服了他们对于延续劳动的一致的极度憎恶，他们学会了早早预测自己的需要，他们猜测到了应当如何耕种土地、撒播种子以及种植树木的方法，

1　参见迪戴尔特神甫的著作《安第列斯群岛游记》第五部，第1章和第5章。

他们发明了磨小麦和酿造葡萄酒的技术(而所有这些东西应该是神灵教会他们的,因为无法想象他们是如何自己学会的),然而,这些假设成立又如何呢?人会荒谬到自寻烦恼地去耕种田地的地步吗,当这块田地的收成将会被先到的无论哪个人或哪只兽洗掠一空,只要它符合他们的需求;一个人又如何能够下定决心在艰辛的劳动中度过一生,当他越是需要自己的劳动成果,就越是确定自己无法收获成果?简言之,只要土地根本没有在人与人之间得以分配,也就是说只要自然状态尚未消失,那么这种境遇如何能够促使人们耕种土地?

即便我们想要假设一个野蛮人在思考的艺术方面与哲学家向我们描述的一样灵巧,即便我们以哲学家为榜样,将野蛮人本身也设想成哲学家,他仅凭自身就能发现最崇高的真理,并且通过一套套极为抽象的推理,从对普遍秩序的热爱中,或是从他的造物主众所周知的意志中得出关于正义和理性的准则:简言之,即便我们假定野蛮人的大脑中存在他可能具备的智慧和知识——事实上我们在他的身上只看到迟钝和愚笨——那么人类从这一整套既无法传播又将随着发明它的人的死亡而消失的形而上学中能得到什么益处呢?散居在森林里的动物之间的人类又能有什么样的进步呢?人们居无定所、彼此之间完全不需要,并且在他们的一生之中彼此可能都相遇不到两次,相互之间既不认识,也不对话,他们能够自我完善或者彼此启迪到什么程度呢?

让我们想一想,我们的思想中有多少要归功于话语的运用,语法对于思想活动的训练和促进起到了多大的作用;让我们想一想语言最初的发明需要经历多么难以想象的艰辛，耗费多么长久的时间；让我们将这些思考与之前的联系到一起，判断一下要经历多少世纪，才能不断地发展人类力所能及的思想活动。

请允许我考虑片刻关于语言起源的障碍问题。在这里，我将仅限于引用或重复孔狄亚克[1]神甫先生在这方面的研究，这些研究全都充分地证实了我的观点，或许，它们还曾赋予了我最初的想法。这位哲学家在符号制定的起源方面向自己提出了一些难题，但是他解决这些难题的方式表明，他将我所质疑的东西设定为前提，亦即在语言的发明者之间已然建立了某种社交关系。我认为在参照他的观点的同时，应当与我的思考联系起来，以便能够从符合我的课题的角度对这些难题进行阐明。第一个出现的难题是想象语言如何成为必要，因为人与人之间既不存在任何彼此的联系，也没有任何联系的需要，假如语言并不是不可或缺的，那么我们无法想象这项发明的必要性或可能性。我完全可以如同其他不少人那样，说语言产生于父亲、母亲和孩子的家庭关系之中，但是这种说法不仅驳斥不了异议，还会犯研究自然状态的人犯的错误，将在社会中获得的观念移植到自然状态之中，看到的始终是聚集在同一个居所的家庭，它的成员之间同我们一样保持着亲密而持久的和睦关系，许许多多的共同利益将他们聚集到一起。然而，在原始状态中，人们没有房子，没有棚屋，没有任何种类的财产，每个人

1　孔狄亚克（Condillac, 1715—1780），法国十八世纪启蒙思想家、唯物主义哲学家、逻辑学家、感觉主义心理学的代表。代表作有《人类知识起源论》（1746）、《感觉论》（1754）、《逻辑学》（1780）等。

都随处栖息，经常是只住一个晚上；男性和女性根据相遇、机会以及欲望而偶然地结合在一起，话语并不是表达他们彼此需要交流的东西的十分必要的工具：他们之间的分离也同样容易。[注十二]母亲首先是为了自己的需要而给孩子喂奶，习惯使得她们喜爱孩子，之后便为了孩子的需要而哺育他们。一旦孩子具有了寻找自己的食物的能力，他们很快就会离开母亲。由于除了相随相伴之外几乎根本没有其他的方法可以彼此重逢，他们很快就会到达甚至互不相识的地步。还要注意到，孩子需要表达他的各种需求，因此他对母亲说的话要比母亲对他说的话多。从而，在语言的发明方面，孩子必然做出更大的努力，而他所使用的语言应当大部分是自己的创造，这就使得使用语言的个人越多，语言的种类就越多。加之，人类漂泊不定的流浪生活使得任何方言都没有时间得以固定下来。因为如果说母亲口授孩子用于向她要求这个或那个的词语，那么这确实表明了人们如何教授已经形成的语言，但是却根本不能告诉我们这些语言是如何形成的。

假设这第一个难题得以攻克：那么让我们暂时跨越横亘在纯粹的自然状态和对语言的需求之间的广阔距离，在假设语言的必要性的前提下，[注十三]研究它们是如何开始确立的。新的难题产生了，比之前的更加糟糕：因为假如人们需要通过说话来学习思考，那么他们必然还更需要通过懂得思考来获得说话的艺术。即便我们明白声音的音响是如何被视作我们的思想约定俗成的表达工具的，我们依然需要知道，对于那些根本没有可感对象、既不能通过手势也不能通过声音来表明的思想，它们约定俗成的表达工具是什么呢？从而，我们很难对这种在人与人之间传递思想、建立联系的艺术的诞生形成可以接受的猜测：崇高的艺术已经离它的起源如此遥远，但是哲学家依然在离它的完美状态十分久远的时代观察它，以至于即便时间必然带来的变革为了它而暂缓，即便科学院院士抛却了偏见或是无视偏见，即便他们能够几百年来不断地研究这个棘手的问题，也没有人敢确保它有一天会到达完美的程度。

人类的第一种语言，在他必须说服聚在一起的人之前，唯一需要的最为普及、最为有效的语言，是自然的呼喊。由于这种呼喊只有在紧迫的情况之下、在面临巨大危险时为了乞求救援，或是在强烈的痛苦之中为了乞求缓解而出于某种本能才发出，因此它在以情绪平和为主的日常生活中并不常用。当人的思想开始拓展和繁衍，当人与人之间建立了一种更加紧密的联系后，人类便寻求更多的符号以及更加广泛的语言：他们增加了声音的变化，并且将之与手势结合起来。这些手势在本质上更具有表现力，它们的意义不怎么依赖于先前的限定。因此，他们通过手势来表达可见的、运动的物体，用拟声来表达刺激听觉的物体。但是，由于手势几乎只能指示在场的东西，容易描述的物体或是可见的动作，因此它的使用并不普遍，因为黑暗、物体的介入会令其无效；并且手势与其说是引起别人的注意，不如说是要求别人的注意，因此最终人们想到用喉咙的发音来替代它，虽然这些发音与某些思想并没有一致之处，但是却更加适合于代表它们，正如指定的符号那样。这种替代只能通过一致同意得以实施，并且对于某些人来说比较难以实践，因为他们粗笨的发音器官还没有得到任何的训练；而这种替代本身更加难以设想，因为必须为这种一致同意给出理由，而且，在语言的运用确立之前，语言必须已经显示出其强烈的必要性。

我们可以认为，人们最初使用的词语在他们的头脑中的含义，比我们在已经成形的语言中所使用的词语的含义广泛得多，由于不懂得对词类进行划分，最初他们赋予每个词语整个句子的意义。当他们开始区分主语和表语，动词和名词之时——这可不是天才稍稍做出点努力就可以达成的——名词一开始都还只是专有名词，不定式[1]是动词唯一的时态，而形容词的概念的发展必然尤为困难，因为每一个形容词都是抽象词，而对事物抽象化是一种艰辛的活动，且不太符合自然。

首先每个物体都被赋予一个特殊名词，不考虑种属，因为这些最初的创建者还没有能力对此进行区分。在他们的头脑中，所有这些个人都表现为孤立的个体，正如他们在大自然的图画中那样。假设一棵橡树名为甲，那么另一棵橡树就名为乙[2]。从而知识越是有限，词汇就越是浩瀚。所有这些词汇带来的困难不容易排除：因为要将存在的事物分门别类地归属到统一的名称之下，需要了解它们的特性和差别，需要观察和定义，也就是说，需要这个时期的人所不可能具备的更多的博物学和形而上学知识。

---

1 不定式现在时。——1782年版附注

2 因为人们对于这两棵树的最初观念是不同的，因此需要花费很多时间去观察它们的共同之处。——1782年版附注此外，一般概念只有借助于词汇才能引入大脑，智力只能通过语句来理解它们。这也是为何动物不能够形成这样的概念，也永远无法获得依赖于这些概念的可完善性的原因之一。当一只猴子毫不犹豫地弃了一颗核桃去捡另一颗的时候，我们是否认为它对这种果实拥有了一般概念，是否认为它将核桃的范型与这两个个别的果实进行了比较？毫无疑问没有。但是看到其中的一颗核桃，它从另一颗核桃那里接收到的感觉被唤醒了，而它的眼睛在经过某种程度的调适之后，向它的味觉传达即将接收到的变化。所有的一般概念都是纯粹智性的，只要想象力介入，概念就会立刻变得特殊。假如你试图描绘一棵通常意义上的树的图像，那么你永远都无法完成它，因为不管你愿意与否，都必须设想它的高大或矮小，稀疏或茂盛，色彩浅淡或深暗。若是你任凭自己只想象任何树上所共有的东西，那么得出的图像就不再像是一棵树了。纯粹抽象的存在亦是如此，我们只能通过话语来设想它。单是对于三角形的定义就可以给你一个关于三角形的真实的概念：一旦你在脑海中想象一个三角形，那么它就是这样的一个三角形，而非另外样子的三角形，你不可避免地赋予它感性的线条或着色的画面。因此必须要说一些句子，必须要说话才能获得一般的概念：因为一旦想象力停止，那么思想只能借助于话语才能继续前行。假如语言最初的发明者只能为他们已有的概念命名的话，那么结果便是，最初的名词只会是专有名词。

但是，当我们新的语法家根据我想象不到的方法开始拓展他们的概念、归纳他们的词汇的时候，语言的发明者却因为无知而将这种方法限于十分狭隘的范围之内。由于缺乏对于事物种属的了解,他们一开始制定了过多的个体名称,之后他们又由于没有根据事物之间的所有差别来考虑而建立了太少的种属。要对事物进行更加细致的分门别类,必须具备更多他们尚且无法拥有的经验和知识,以及更多他们尚且不愿为之付出的研究和劳动。然而,如果说即便是在今天,我们每天都能发现一些在此之前没有观察到的新的物种,那么想象一下,那些只根据事物的第一印象而做出判断的人错过了多少物种啊!至于那些原始的分类以及最为一般的概念就更加不必说了:比如,他们又如何能够想象或理解物质、精神、实体、样态、象征、意念这些词汇,既然连使用这些词的我们的哲学家自己,这么长时间以来都很难理解它们?况且,与这些词汇联系在一起的概念纯粹是形而上学的,他们在自然界找不到任何模型。

我暂停一下这方面初步的论述,也请求我的评审官们在这里暂停阅读,思考一下,在仅仅发明了物质名词之后,也就是说,发明了语言中最容易获得的那部分名词之后,为了能够表达人们全部的思想,获得一种能够在公共场合讲说并且对社会造成影响的固定形式,还有多么漫长的道路要走啊。我也请求他们思考一下,为了发明数词[注十四]、抽象词、(希腊语动词变位中的)不定过去时、所有的动词时态、虚词、句法,达成句子之间的衔接、推理以及形成话语的整体逻辑,需要耗费多少的时间,具备多少的知识。我被层出不穷的困难吓住了,相信纯粹依靠人类的能力要发明和确立语言显然几乎是不可能的。我将这个最不可避免的难题留给对此感兴趣的人去讨论,亦即：是先建立社会，后创立语言呢，还是先发明语言，后建立社会。

不管语言和社会的起源如何，自然在促进人们因彼此需要而互相靠近，以及使用语言方面并没有给予什么关照，从这一点来看，至少我们发现，自然不太培养人们的社交性，在他们为了建立彼此之间的联系而付出的一切努力方面，自然所做出的贡献亦是多么地微不足道。事实上，难以想象在原始状态中，一个人需要另一个人，甚于一只猴子或一匹狼需要它们的同类；也难以想象，即便假定这种需要成立，又是什么动机促使另一个人满足他的需要；甚至于难以想象，即便另一个人愿意满足他的需要，那么他们之间又是如何在条件上达成一致的。我知道有人不断地强调，没有什么比这种状态中的人类更加“悲惨”的了。假设正如我自认为已经证明的那样，人类确实是在经历无数个世纪之后才可能有脱离原始状态的欲望和机会，那么应当受到指责的是自然，而非它所创造的这样的人类。但是，若是我对“悲惨”这个词理解透彻的话，那么这就是一个没有任何意义的词，或者说，它只意味着一种令人痛苦的剥夺以及身体和心灵上的苦难。然而，我很想有人为我解释一下，一个内心平和、身体健康的自由生命可能会具有何种类型的悲惨。我要问，社会生活和自然生活之中，哪个对于享有它的人来说更加容易变得令人难以忍受？在我们的周围，我们几乎只看到一些对生活诸多抱怨的人，有一些人甚至放弃自己所拥有的一切。神的法则与人类的法律结合在一起都几乎不足以阻止这种混乱。我要问，人们是否曾听说过，自由的野蛮人会只想着抱怨生活与自杀？因此，让我们谦逊一点地判断真正悲惨的到底是哪一方。相反地，若是野蛮人被知识照射得目眩神迷、被情感折磨得痛苦不堪，思考着不同于自己现状的另一种状态，那就没有比这更悲惨的了。一种十分明智的天意决定了野蛮人潜在的才能只能随着锻炼这些才能的机会得到发展，从而既不会因来得过早而显得多余、成为负担，也不会因来得太迟而无法用于需要。人类唯一的本能中已经具备了他在自然状态中生存的所有条件，而培养出来的理性只为他提供在社会中生活的才能。

首先，似乎自然状态中的人们彼此之间不存在任何伦理关系，也不存在众所周知的义务，既不善良也不凶恶，既无恶也无德，除非我们从物质的意义上来理解这些词，将人身上有害于自身存续的品质称为恶，有利于自身存续的品质称为德。若是这样的话，就应当将最不抗拒单纯自然冲动的人称为最有德的人。但若是不背离这些词的普通意义的话，那就应当暂且不对这种情况做出判断，防止我们的偏见，先公正地检查一下是否文明人身上的美德多于恶习；是否他们的美德所带来的好处甚于恶习的坏处，随着他们学习彼此为善，是否他们知识的进步足以补偿他们对彼此造成的损害；或者，从总体上说，是否既无需害怕任何人的伤害，也不必期待任何人的帮助的境遇，并不比全面依赖于他人，被迫从没有义务给予他们任何东西的人那里接受安排的境遇更加幸福。

我们尤其不要如霍布斯那样得出这样的结论：因为对善没有任何概念，所以人天生就是恶的；他之所以邪恶，是因为他不了解什么是德；他总是拒绝为他的同类提供服务，那是因为他觉得自己对他们没有义务；人根据将自己所需之物理所当然地收归己有的权利，疯狂地将自己想象成是整个宇宙唯一的主人。霍布斯清楚地看到了现代所有关于自然权利的定义的缺陷所在，但是，他从自己的定义中所得出的结果表明，他对自然权利的意义的理解并没有更加正确。在根据他所建立的原理进行推论时，这位作者本应当说：在自然状态中，对于我们自身存续的关注是最不损害他人的存续的，因此这个状态最有利于和平，也最适合人类。但霍布斯所说的恰恰相反，他不合时宜地将满足大量欲望的需求掺和到野蛮人对自身存续的关注之中，而这些需求实际上是社会的产物，是它们令法律成为必要。霍布斯说，恶人是一个强壮的孩子，那么需要知道的是，野蛮人是不是一个强壮的孩子。若我们认为他是的话，那么会得出什么样的结论呢？假如他强壮时和羸弱时一样依赖于别人，那么他有什么过分的事不能做呢？若是母亲迟迟不给他喂奶，他就会打她；若是他的某个弟弟令他感到厌烦，他就会掐死他；若是有人撞到他或是打扰他，他就会咬那人的小腿。然而，在自然状态中，既强壮又依赖的假设是自相矛盾的。人在依赖于他人时是弱小的，而他在强壮之前就已经脱离这种依赖了。霍布斯没有看到，我们的法学家所认为的阻碍野蛮人运用他们的理性的原因，也正是他所声称的阻碍野蛮人滥用他们的才能的原因。因此，我们可以说，野蛮人绝对不是恶人，因为他们不知道什么是善，因为阻止他们干坏事的并不是知识的开发，也不是法律的约束，而是欲望的沉寂和对邪恶的无知。“他们从对邪恶的无知中获得的益处甚于别人从对德性的认识中获得的益处。”此外，霍布斯还忽略了人类被赋予的另外一个本性，它通过人类一种天生不愿看到同类受苦的抵触情绪，在某些情况下缓和其强烈的自尊心，[注十五]或是在这种自尊心产生之前缓和其维护自身存续的欲望，克制其追求自身福利的热情。我不担心赋予人类这唯一的自然德性会引起任何异议，因为即便是极度诋毁人类德性的人[1]也不得不承认它。我所说的这种自然德性是怜悯心，它是适宜于如同我们一样弱小并且遭受许多不幸的生物的一种秉性。在人类的身上，这种德性先于任何思考的运用，因此更加普遍，也更加有用。它是如此地自然，甚至于有时在兽类身上也表现出显著的症状。不必说母兽对于幼崽的柔情，也不必说它在危险面前为了保护幼崽而进行的奋勇抵抗，我们经常看到的是，马也不愿意践踏活的生物，动物在同类的尸体身边走过时也必定会焦躁不安，甚至有些会以某种方式埋葬它们。家畜在进入屠宰场时发出的哀鸣表明，它们对于看到的恐怖场面印象深刻。我们高兴地看到，《蜜蜂的寓言》的作者不得不承认人类是一种具有怜悯心和同情心的生物，在他所举的例子中，他摆脱了原来冷酷而敏锐的笔调，向我们展示了一个悲怆的画面：一个被囚禁的人，看到外面一头猛兽从一个母亲怀里夺走孩子，用它致命的利齿咬碎孩子羸弱的四肢，用它的爪子撕碎孩子跳动的内脏。这个

1 这里指的是下文《蜜蜂的寓言》的作者曼德维尔（Bernard Mandeville，1670—1733），荷兰作家，十八世纪颇具争议的思想家。在他的代表作《蜜蜂的寓言：私人的恶行，公共的利益》中，他将人类社会比喻成一个蜂巢，得出了著名的曼德维尔悖论——“私欲的恶之花结出公共利益的善果”，认为出于道德情怀的行为反而会危及公共利益。

事件与见证的人之间没有任何个人利益关系，但是他的内心感到多么地难过！看着这个场景，却既不能帮助昏厥的母亲，又无法救护垂死的孩子，他感到多么地焦灼不安！

这就是纯自然的情感，先于任何思考而存在；这就是自然怜悯心的力量，即便是最堕落的品行也难以破坏。因为我们经常在剧院中看到有人为剧中人物的不幸流下同情的眼泪，殊不知这些人若是处在暴君的位置上，还会加重对敌人的酷刑。[1]曼德维尔清楚地感受到，人类虽然具备很多道德，但若自然没有赋予他们怜悯心来支持理性，那么他们也只不过是些残忍之徒。但是他没有看到，他想要从人类身上剥离的[2]所有社会德性都源于这唯一的品质。事实上，如果说慷慨、宽厚、仁慈不是对于弱者、罪人或者整个人类的怜悯，那么它又会是什么呢？甚至于若是对和善、友谊进行全面理解的话，那么它们就是固定在某个特定对象之上的持续的怜悯心：因为希望某个人不受任何痛苦，不就是希望他幸福吗？即便怜悯真的只是一种让我们为受苦的人设身处地着想的情感，一种在野蛮人身上强烈却晦暗不明、在文明人身上微弱但得到开发的情感。这种观点除了进一步加强我的论述的真实性之外，还有什么其他的用处呢？事实上，在旁边观看的动物越是由衷地将自己等同于受苦的动物，它的

---

1 就像嗜血成性的苏拉，听到非他造成的不幸也会有同情之心；或是菲尔的暴君亚历山大，尽管他每天听到被他下令处死的许多不幸民众的哭喊却无动于衷，他也从来不敢去剧院看悲剧，害怕人们看到他同剧中的安德洛马克以及普里亚姆一起悲叹。

“大自然赠予人类眼泪的同时
也赠予人类一颗最仁慈的心。”——1782年版附注

2 曼德维尔认为人类不具有这些社会德性。

怜悯就越是强烈。然而很明显，在自然状态中，这种认同应当比在理性状态中狭隘得多。理性孕育了自尊心，思考强化了它；理性使人自我封闭，使人远离拘束他、折磨他的一切。哲学使人孤立，正是由于哲学，他在看到受苦的人时会暗自说：你要死就死吧，反正我是安然无恙的。只有整个社会的危险才能扰乱哲学家安静的睡眠，将他从床上拽起来。人们可以在他的窗下杀害他的同类却不受制裁，他只要用手捂住耳朵，自我辩论一番就可以阻止自己本性的反抗，阻止它设身处地地为被杀害的人考虑。野蛮人完全不具备这种令人赞叹的才能，由于缺乏智慧和理性，他总是轻率地沉湎于人类最初的情感之中。在骚乱之中，在街头斗殴之中，群氓会集到一起，谨慎的人则远离：恰恰是下层人，菜场的妇人将打斗的人分开来，阻止上流社会的人们自相残杀。

因此，可以肯定的是，怜悯是一种自然情感，它克制着每个人身上爱心的活跃，从而促进整个人类的互相保护。怜悯使我们看到受苦的人就不假思索地去帮助他们：在自然状态中，怜悯替代了法律、风俗和道德，它的优势在于没有人会试图不听从它温柔的声音：是怜悯，令所有强壮的野人在期待能够在别处获得生活所需之时，不会夺走羸弱的孩子或虚弱的老人辛苦获取的衣食；是怜悯，启发所有的人采纳这句符合人性本善的箴言——“为自己谋利时，尽可能地减少对别人的损害”，而非“你希望别人怎么对待你，你就怎么对待别人”[1]这句合理而公正

1 参见《圣经·新约全书·马太福音》第7章第12节。

的崇高箴言，虽然前者不如后者完善，但可能比后者更加有用。简言之，应当在这种自然情感而非精妙的论证之中，寻求所有人即便不了解这些教育箴言也体会得到的对于作恶的憎恶感。尽管苏格拉底以及具有他那种素质的人可以通过理性获得德性，但假如人类的存续仅仅依靠人的推理的话，那么人类早就不存在了。

野蛮人的欲望很不活跃，又受到怜悯心有益的约束，因此他们野蛮但不凶恶，更加关注于躲避可能受到的伤害而非试图伤害他人，因此不易于发生十分危险的纷争。由于他们之间不存在任何形式的交往，因此他们不懂得什么是虚荣、尊敬、尊重和蔑视，他们没有一点"你的"或"我的"的概念，对于公正也没有任何真正的观念，他们将可能遭受的暴力视作容易得到补救的损害，而非需要加以惩罚的凌辱。他们甚至不会想到要报复，除了可能当场不由自主地做出反应，如同狗啃咬掷向它的石头；若是他们争执的原因不比食物更加敏感，那么也极少会产生流血的后果。但是，我发现了一种比食物更加危险的争执原因，那正是我要加以论述的内容。

在激荡人心的情感之中，有一种使异性之间彼此需要的激情，炙热而强烈：这种可怕的激情藐视一切的危险，冲破所有的障碍，在它疯狂的时候，似乎可以摧毁它本要保护的人类。人类若是成为这种粗暴而疯狂的激情的牺牲品，不知羞耻、毫无节制地每天为了争夺情人而制造流血事件，那么他们会变成什么样子？

首先应当承认的是，欲望越是强烈，就越是需要法律来加以抑制：这些欲望导致我们之中混乱和罪行天天发生，从而充分表明了法律在这方面的无能为力，除此之外，还有必要考察这些混乱是否与这些法律本身相生相伴：因为如果这样的话，即便这些法律能够制止混乱，那么制止没有它们就根本不会存在的罪恶，应当是它们被要求履行的最基本的责任。

让我们首先将爱的情感之中精神的部分与肉体的部分区分开来。肉体之爱是促使两性之间彼此结合的一般欲望，精神之爱则确定了这一欲望，并且将之排他地锁定在某个单一的对象之上，或者至少在这个偏爱的对象上倾注更加强烈的热情。然而我们很容易看到，精神之爱是一种虚假的情感，它源于社会习俗，女性投机取巧、费尽心思地颂扬它，是为了建立她们的权威，使得本当处于服从地位的女性占据统治地位。精神之爱建立在某些概念的基础之上，如才能、美貌之类，这是野蛮人没有能力拥有的；精神之爱还建立在比较的基础之上，这也是野蛮人做不到的；因此它对于野蛮人来说几乎一钱不值。由于野蛮人的大脑不能形成匀称和比例的抽象概念，从而他的内心也根本不可能产生欣赏和爱慕之情，因为欣赏和爱慕之情是通过对这些概念的运用自然而然地产生的；野蛮人只听从自然赋予的性欲，不受他还无法获得的审美能力[1]的支配，从而，任何女人都能令他满意。

野蛮人的爱只限于肉体之爱，他们很幸运，没有那些刺激肉体之爱，并且增加其困难的偏爱，因此他们感受到的本能的欲望

1 喜恶之心。——1782年版附注

必定没有那么频繁和强烈，从而他们之间的纷争鲜少发生，也没有那么残酷。让我们为之神魂颠倒的想象一点都打动不了野蛮人的心：他们每个人都平静地等待自然冲动的来临，毫无选择地沉浸其中，愉悦但不狂热。一旦需要得到满足，所有的欲望也归于平息。

因此，毫无疑问的是，爱情本身如同所有其他的情感一样，只有在社会中才获得这种激烈的狂热，从而为人类带来不幸。说野蛮人为了满足他们的暴行而不断地互相厮杀，这是何其可笑，因为这种观念与经验完全相反。在所有现存的民族之中，加勒比人是迄今为止最接近自然状态的，他们的爱情恰恰最为平和，最不受嫉妒心支配，尽管他们生活在炎热的气候条件下，而这种气候似乎一直都是能够更加激发这些情感的。

有些种类的雄性动物之间经常为了争夺雌性而发生争斗，从而将我们的家禽饲养棚弄得血迹斑斑，春天的森林也因此回荡着它们的嘶叫声。要从这些现象中得出推论，我们首先得从中排除所有这些种类：自然为它们设立的两性之间的力量对比关系，明显不同于它为人类设立的比例关系。因此，根本不能从雄鸡之间的争斗中得出对于人类的推论。在比例关系得到更加仔细的观察的一些种类里，这些争斗的原因仅仅是雌性比雄性的数量稀少，或者雌性具有持续拒绝雄性接近的排斥期，这就又回到了第一个原因：因为假如每只雌性动物每年只有两个月的时间容许雄性接近，那么在这方面就类似于雌性的数量减少了六分之五。然而，这两种情况都不适用于人类。一般情况下，人类之中女性的数量超过男性，即便是在野蛮人之中，也从来没有发现女性如同其他动物一样具有发情期和排斥期。此外，以上所述的动物之中有几种是全体一起进入兴奋期的，因此有那么一个可怕的时期，整个种类的动物同时处于狂热、喧嚣、混乱、争斗的状态。这个时期在人类之中根本不存在，因为人类的爱情不具有周期性。因此，我们不能从某些动物为了占有雌性而争斗的现象中得出自然状态中的人类亦是如此的结论。尽管如此，由于其他的物种完全没有因为这些争执而毁灭，因此我们依然可以得出这样的结论：至少，我们可以认为这些争执对于人类也不会更加有害。显而易见，这些纷争在自然状态下可能造成的破坏不如它们在社会中造成的破坏来得大，尤其是在一些依然重视风俗的国家，情人的妒忌和丈夫的复仇每天都带来决斗和谋杀；更为糟糕的是，在这些国家，永久忠贞的义务反而促进了通奸行为，有关禁欲和贞操的法律本身必然导致荒淫之风散布，堕胎行为增加。

我们由此得出这样的结论：野蛮人在森林里流浪，没有职业、没有语言、没有居所、没有战争、没有交际，对于同类没有任何需求，也没有任何损害他们的欲望，甚至于可能个人彼此之间从不相识。因此，他们没有什么情感，自给自足，只有适合这种状态的感觉和知识。他只感受到自己的真实需要，只关注他认为看了有好处的东西，他的智力和虚荣心都没什么发展。即便他偶尔有所发明，也由于他甚至连自己的孩子都不认识而不可能将之传授给他人。技艺与发明人一同消亡。既没有教育也没有进步，人类一代代毫无进展地繁衍下去，每一代都始于同一个起点，无数个世纪在原始时期的粗野状态之中流逝。人类已经年老,但人始终还是个儿童。

我之所以长篇大论地对假定的原始状态进行论述,那是因为有许多由来已久的错误和根深蒂固的偏见要破除。我认为应当究其根源,用一幅真正的自然状态的画面来表明,在这种状态中的不平等即便是自然的,也远远没有我们的作家所声称的那么真实而富有影响力。

事实上,我们很容易看到,在将人与人相区别的差异之中,有些被认为是自然的差异,其实却仅仅是社会中人们采纳的习俗以及各种生活方式的产物。因此,体质的强弱以及有赖于体质的力量的强弱,通常更多的是取决于人们被抚养长大的方式是严酷还是柔和,而非身体的原始体质。智力方面亦是如此,教育不仅将有教养的人和没教养的人区别开来,而且还根据文化程度的差异,在有教养的人之间进行区别。因为假如一个巨人和一个侏儒在同一条道路上行走,那么他们各自行走的每一步都增加巨人的优势。然而,在社会状态中,各个社会阶层盛行的教育和生活方式极其多样,而动物般的野蛮生活则朴素而单调,过这种生活的人们全都食用同样的食物,以同样的方式生活,做完全一样的事情。如果我们将这两者进行比较,那么我们就会明白,人与人之间的差异在自然状态中必定比在社会状态中要小得多,而制度的不平等则大大地加深了人类自然的不平等。

即便说自然在分配它的馈赠之时如同我们所认为的那样有所偏爱,但是,在人与人之间几乎不可能存在任何联系的情况之下,最受自然优待的人,能通过损害他人利益来得到什么好处呢？在爱情根本不存在的地方，美貌又有何用处？对于根本不说话的人来说，才智有什么用？对于根本没有交际往来的人来说计谋又有什么用呢？我总是听人说强者压迫弱者，但是请给我解释一下“压迫”这个词在这里的含义。一些人采用暴力进行统治，其他人在他们任意专横的奴役下呻吟：这就是我在我们之中观察到的情形，但是我不知道如何用它来描述原始人，因为他们甚至可能很难理解奴役和统治是什么意思。一个人很可能夺走另一个人采摘的果实，将他杀死的猎物或居住的洞穴据为己有；但是，如何能够做到让一个人服从于他人呢？在一无所有的人们之间，能产生什么样的奴役关系？如果有人将我从一棵树上赶走，我就去另一棵树上好了；如果在一个地方有人烦扰我，谁又能阻止我去别处？有没有这么一个人，他的力量比我大很多，为人不仅道德败坏，而且懒惰凶恶，从而能够强迫我供他衣食，而他自己则游手好闲？那么他必须决心一刻都不让我离开他的视线，并且在他睡觉的时候将我极其细心地捆绑起来，以免我逃走或是将他杀死：也就是说，他必须自愿承受的辛苦比他想要逃避的更重，也比他赋予我的更多。除此之外，他的警惕心难道没有松懈的一刻？突发的声响难道不会让他转头？我只要在森林里跑上二十步，我的枷锁就得以解除，他这辈子都再也见不到我了。

不用再在这些细节上浪费时间，每个人都可以看出，奴役关系是通过人与人之间的相互依赖，以及将他们结合在一起的相互需要形成的。如果不先使得一个人陷入不能失去另一个人的境地，那就不可能奴役他。这种情况在自然状态中并不存在，在自然状态中，人人无拘无束，最强者的法则无用武之地。

我已经证明了自然状态中的不平等并不明显，并且它的影响力也微乎其微，接下来我要阐明的是它的起源以及它在人类思想的持续发展中所取得的进展。之前我已经指出，自然人可能获得的可完善性、社会德性以及其他才能永远都不可能自动地发展起来，它们需要依靠多种外因的偶然的协助才能得以发展，这些外因可能从来不曾出现，然而没有它们，自然人可能永远停留在原始状态之中。我对各种偶然情况进行思考和比较，它们在败坏人类的同时也完善了人的理性，在使人进入群居生活的同时也使人变坏，最终将遥远时代的人和世界变成了我们今天看到的样子。

我承认，我要描述的事件可能以多种形式发生，我只能通过猜测来决定选择的形式。但是，如果这些猜测是我们根据事物的本质最有可能得出的，如果它们是我们发现真理所可能拥有的唯一方式，那么不仅这些猜测可以成为论据，而且我试图从我那些猜测中推断出来的结果也绝不会是臆测的，因为根据我之前确立的原则，无论形成其他何种理论，都必然为我提供同样的结果，我也只可能从中得出同样的结论。

如此我就不必思考如下问题了：一段时间如何弥补事件微弱的真实性；微不足道的起因通过不断地作用产生惊人的力量；一方面我们不能赋予某些假设以事实的真实度，另一方面却也不能推翻它们；如果两个被认为是真实的事件需要通过一系列未知的或被认为是未知的居间事件连接起来，那么就需要历史——如果有的话——给出将它们连接起来的事件，如果没有历史，那么就需要哲学家来决定可以将它们连接起来的类似事件；最后，在事件方面，相似性将事实的不同种类缩减到我们想象不到的稀少地步。我只需要将这些问题提交给评审官们去思考，而不必让普通的读者去考虑。

第二部分

谁第一个将土地圈起来，胆敢说“这是我的”，并且能够找到一些十分天真的人相信他，谁就是文明社会真正的奠基者。假如这时有人拔掉木桩，填平沟壑，并且向他的同类大声呼吁：“不要听信这个骗子的话，如果你们忘记果实为大家所有而土地不属于任何人，你们就全完了！”那么，人类可以避免多少罪恶、战争、谋杀、苦难和暴行啊！但是，很可能当时的情况已经到了无法继续原来状态的地步，因为所有权的概念依赖于许多先前只能相继产生的概念，它不可能在人类的大脑中一下子形成。必须要做出很多的进步、获得很多的技艺和知识，并且经历一代代的传承、繁荣，才能到达自然状态的终结。因此，让我们从最遥远时代的事物着手，努力从同一个观点出发，将缓慢更迭的事件和传承的知识根据它们最为自然的顺序连接起来。

人类最初的意识是对自身存在的意识，第一关心的是自己的存续。土地的物产为他提供了一切必要的救济，本能促使他利用它们。饥饿以及其他的欲望令他轮流体验各种生存方式，其中有一种方式促使人类得以延续。这种盲目的倾向缺乏任何内心的情感，只产生一种纯粹动物的行为。一旦需要得到满足，两性彼此之间不再认识，甚至于孩子一旦能够独立生活，那他对于母亲来说也就什么都不是了。

这就是人类最初的处境：一开始过着只受纯粹的感觉所左右的动物的生活，几乎不利用自然赐予他的禀赋，也绝对不想从自然那里夺取什么。但是，很快困难出现了，人类必须要学习战胜它们：树木太高，他无法摘到树上的果实；有些动物试图与他争抢果实，有些动物残暴地要他的命，这一切都迫使他努力锻炼身体。他必须变得动作灵敏，奔跑迅速，作战勇猛。他很快就会运用天然的武器，如树枝和石头。他学会了克服自然设置的障碍，在必要时与其他动物搏斗，与同类争抢生活必需品，或者弥补自己不得不让与更强者的东西。

随着人类的繁衍，困难也随之增多。土地、气候以及季节的差异迫使他们采取不同的生活方式。荒芜的年岁、漫长的严冬、酷热的夏季耗尽了一切，他们必须获得新的技艺。沿海以及河岸地区的人发明了线和钓钩，成为了渔民，以鱼为主食。森林里的人为自己制作了弓和箭，成为了猎人和武士。寒冷地区的人身披他们猎杀的动物的毛皮。雷电、火山爆发或是某种幸运的偶然让人认识了火——抵抗冬日酷寒的新能源：他们学会了保存这种元素，之后又学会了生火，最后还学会了用火烧烤肉类，而之前他们都是生吃的。

人类对于各种存在物的反复运用——不论是将它们用于自身，还是将它们彼此搭配运用——自然而然地使他们的大脑觉察到某些关系。我们用一些譬如大、小、强、弱、快、怯弱、大胆以及其他表达相同概念的词来描述这些关系，经过必要时几乎是不由自主的比较，这些关系最终在人身上形成了某种思考能力，或者更确切地说，形成了一种无意识的谨慎，这种谨慎向他们指明了保护自身安全所最为必要的预防措施。

这种发展带来的新知识增加了人类相对于其他动物的优越性，同时也使他们认识到了这种优越性。他们练习给动物设置陷阱，以各种方式欺骗它们。尽管许多动物在战斗力或奔跑速度方面超越人类，但是随着时间的推移，对于那些可以为他们服务的动物，人类成为了它们的主人；而对于那些可能伤害他们的动物，人类则成了它们的灾难。因此，人类第一次将目光投向自己时，就产生了最初的骄傲之情。也因此，在人类还不太懂得区分等级的时候，在他以人类的身份将自己视为第一等的时候，就早已准备好以个人的身份将自己列为第一等了。

尽管野蛮人的同类对于他的意义不同于我们的同类对于我们的意义，而他跟他们之间的交往也几乎不比其他动物多，但他还是对他们不乏观察。时间一长，人类发现了他们、女性与自己之间的相似点，根据这些相似性，他又判断出了其他尚未发现的相似点。看到他们的行为与自己在相同情况下的反应如出一辙，他推断出他们的思考模式和感觉模式与自己的完全相符，这个重要的事实在他的思想中得以确立，从而促使他根据一种与论证同样可靠，但较之更为迅速的预感，为了维护自身的利益和安全，在处理与他们之间的关系之时遵循最佳的行为规范。

从经验中得知，对于福利的追求是人类行为的唯一动机。他发现自己能够区分如下情况：共同利益促使他依赖同类的协助，这种情况很稀少；竞争促使他与同类对抗，这种情况更加少见。在第一种情况下，他与同类聚集成群，或至多形成某种不强迫任何人的自由结合体，一旦造就它的临时需求消失，这个结合体也随之解散。在第二种情况下，每个人都寻求自己的利益，若是自认为力所能及，便公开以武力夺取；若是自感最为弱小，则通过机智和精明巧取。

就这样，人类慢慢地获得了某些关于相互义务以及履行这些义务的好处的粗浅概念，但是，只有当前显在的利益才能驱动他们去履行这些义务，因为他们还没有预见力，不关注遥远的未来，甚至连第二天的情况也不考虑。假设他们的目的是猎捕一头鹿，那么每个人都清楚地知道必须为此忠于职守，但是如果这时一只野兔进入其中一个人能力所及的范围之内，那么毫无疑问，他会无所顾忌地去追捕那只兔子，一旦抓到猎物，他就极少会关心同伴的猎物因自己而逃脱的事情了。

显而易见，原始人的这种交往关系所需要的语言并不比小嘴乌鸦或猴子的语言考究得多，因为这些动物几乎同样也是过群居生活的。在很长一段时间内，通用的语言是由几声含糊不清的鸣叫、许多手势以及几种模拟音组成的，而每个部落还有一些发音清晰、约定俗成的声音。至于这些声音是如何设定的，正如我之前所说，不太容易解释。人们拥有一些特殊的语言，但却粗糙而不完善，至今各个野蛮民族依然使用与这差不多的语言。迫于时间的流逝，而要讲述的东西很庞杂，加之人类初始时的进步又几乎微不足道，所以我飞快地掠过无数个世纪，因为事件更迭得越是缓慢，对它们的描述就越是要精简。

这些最初的进步最终赋予人类加快发展进程的能力。思想越是得到启发，技艺就越是臻于完善。人类很快就不在随便哪棵大树下睡觉了，也不再躲藏在洞穴之中，他们发现了一些坚硬而锋利得如斧头一般的石头，用它们来伐木、挖土以及砍树枝搭建茅屋，之后，他们又想到在茅屋的墙上涂抹黏土和泥浆。这就是第一次变革时期。这次变革建立并区分家庭，引入了某种所有权的概念，或许已经因此引发了许多的纠纷和斗争。但是，最强壮的人也很可能是最早为自己搭建房屋的人，因为他们认为自己有能力捍卫它；由此看来，弱者会认为仿效他们比试图鸠占鹊巢更加简便可靠。至于那些已经拥有茅屋的人则谁都不太可能试图将邻居的茅屋据为己有，倒不是因为那茅屋不属于他，而是因为那茅屋对他来说没有用途，更何况，为了夺取它，他还必须与住在茅屋里的一家子人进行极其激烈的搏斗。

丈夫与妻子、父亲与孩子居住在一起，这种新的处境造就了情感的初步发展。从共同生活的习惯中产生了人们所熟悉的最为温柔的情感，那就是夫妻之爱和父子之爱。每个家庭都成为一个微型社会，家庭成员相互之间的依恋和自由是其唯一的纽带，这个微型社会因此而变得更加团结。之前男女之间别无二致的生活方式，自此产生了分歧。女性变得更为居家，习惯于守在家里照顾孩子，而男性则去寻找家庭生活所需。一种相对比较轻松的生活使得男性和女性也开始失去他们的几分彪悍和活力。虽然说单独的每个人与野兽搏斗的能力降低了，但是他们聚集起来共同对抗野兽也更容易了。

在这种新的状态之下，人类过着简单而孤立的生活，需求十分有限，又有很多闲暇时间，因此他们通过运用自己发明的用以满足需求的工具，为自己创造了许多他们的父辈不曾享受过的便利。他们没有想到，这是他们强加于自身的第一道枷锁，也是他们为子孙后代埋下的祸端。因为不仅他们的身体和精神都因此而持续衰弱下去，而且这些便利也因为习以为常而几乎失去了它们的吸引力，同时蜕化成了真正的需要，剥夺这些便利给人造成的痛苦比拥有这些便利获得的快乐要多得多，人若是失去这些便利会很悲惨，但也不会因为拥有它们而感到幸福。

在这里，我们更看清楚了语言是如何缓慢地在每个家庭内部确立它的运用并且臻于完善的，我们还可以推测各种特殊原因是如何使语言得到推广、加快它的发展进程，并且令它变得更加必要的。洪灾和地震使得居民区陷于洪水和峭壁之中，地球的演变将大陆的某些部分拆分出来，切割成小岛。我们设想，在因此而彼此靠近并且被迫共同生活的人们之间，比大陆上森林中自由流浪的人们之间更有可能形成一种共同的方言。从而，在最初的多次航行试验之后，一些岛民很可能将语言的运用传递给我们，至少，社会和语言非常有可能是诞生于那些小岛之上，并且在小岛上得以完善之后才流传到大陆。

一切都开始改变了面貌。迄今为止一直在森林里流浪的人们，由于有了比较固定的活动区域，渐渐地彼此靠近，结成各个群体，并且最终在每个部落中形成一个具有共同风俗习惯的独特的民族。民族并不是根据法律和法规形成的，而是根据共同的生活和饮食方式、共同的气候条件的影响形成的。持续的毗邻关系最终不可避免地在各个家庭之间产生某种联系。年轻的男女住在相邻的茅屋里，由于彼此频繁地来往，基于本性发生的临时关系很快发展成为一种更加持久却又不乏温存的关系。人们开始习惯于考虑不同的对象,并且加以比较,渐渐地获得一些价值观和审美观,从而产生了偏爱之情。由于经常会面,便再也忍受不了彼此不得相见。一种温柔甜蜜的情感渗入人心,一旦遇到阻挠就转变成滔天怒火:嫉妒心随着爱情的产生而觉醒,纷争一起,最甜蜜的情感便要用流血的牺牲来祭奠。

随着观念和情感的相继产生,思想和品性也得到锻炼。人类变得越来越容易接近,他们之间的交往越来越广泛,联系也越来越紧密。人们习惯于聚集在茅屋前或大树周围:唱歌与跳舞这两种爱情与消遣的真正的产物,变成了聚集在一起无所事事的男男女女的娱乐活动,更确切地说是日常事务。人人都开始关注他人,也希望自己受到关注,公众的评价获得了重要的价值。唱歌唱得好或跳舞跳得好的人、最漂亮或最强壮的人、最灵巧或最能言善辩的人成为最受尊重的人,这就是走向不平等的第一步,同时也是走向罪恶的第一步:从这些偏好中一方面产生了虚荣心和轻视,另一方面也产生了羞耻心和羡慕。这些新的酵母的发酵最终产生了破坏幸福和天真的化合物。

一旦人们开始互相评估并且在思想中形成尊重的观念,人人都自认为有权得到尊重,任何不尊重他人的人都必然受到惩罚。由此产生了最初的以礼待人的义务,甚至在野蛮人之中也不例外;由此任何故意的不尊重都变成了一种侮辱,因为除了这种侮辱造成的损害之外,被冒犯的人还从中感受到对自己的人格的轻视,这通常比损害本身更加令人难以忍受。正因为如此,每个人都根据对自身的重视程度高低,对向他表达鄙视之意的人施加相应的惩罚，复仇变得可怖，人类变得嗜血而残忍。这就是我们所了解的大部分野蛮民族所进化到的程度。有些人既没有对概念进行足够的区分，也没有注意到这些民族已经远离了最初的原始状态，便匆忙得出这样的结论：人类天生残忍，需要通过管制使他们变得温和。然而，没有什么比原始状态中的人类更加温和的了，自然将原始状态中的人类置于野兽的愚昧和文明人致命的智慧的中间点，本能和理性的双重约束促使他们避免自己受到损害的威胁；自然的怜悯心阻止他自己对别人造成损害，甚至于在遭受损害之后，也不会出于任何动机去损害别人。因为，根据哲人洛克[1]的公理，"没有所有权，就不可能有损害"。

但是，必须要注意到：新生的社会以及人与人之间业已建立的关系要求他们身上的品质不同于原始体质遗传给他们的品质；道德观念开始进入人类的行为之中，在法律产生之前，每个人都是他所受到的冒犯行为的唯一的法官和复仇者，适宜于自然状态的善良不再适合初生的社会；随着冒犯事件发生得越来越频繁，惩罚措施也必然变得越来越严厉，复仇的恐怖替代了法律的约束。因此，尽管人们的耐力降低，自然的怜悯心也已经有些衰弱，但是，这个人类能力得到飞速发展的时期，正处于原始状态的麻木不仁和我们的自尊心极其活跃的中间点，可能是最幸福，也最稳固的时期。我们越是对这个时期进行思考，就越是发现，这种状态最不容易招致变革，最有利于人类。[注十六]只

1 洛克（John Locke，1632—1704），英国哲学家，经验主义的开创人，代表作为《人类悟性论》。此处参见该著作第四卷，第3章，第18节。

可能是由于某种致命的偶然才使得人类走出这个时期——若为公共利益着想，这种偶然本该永远都不发生的。我们在这方面找到的几乎所有野蛮人的例子似乎都证明，人类生来就是要永远停留在这个状态的，这种状态是世界真正的青春时期，所有之后取得的进步表面上看来是一步步走向个人的完善，事实上却是一步步走向人类的衰落。

只要人们满足于他们的土屋，满足于用荆棘或鱼骨来缝制毛皮衣服，用羽毛和贝壳来装扮自己，用各种颜料涂抹身体，改进或是装饰他们的弓和箭，用锋利的石头凿出几只渔船以及几样粗糙的乐器，简言之，只要他们仅仅致力于单靠一个人就能完成的工作，以及不需要其他人的协助就可以完成的技艺，那么就可以过上依照他们的本性可以享有的自由、健康、美好、幸福的生活，继续享受他们之间不受拘束的交往关系的乐趣；但是，一旦一个人需要另一个人的帮助，一旦他发现一个人拥有两人份的生活必需品的好处，平等就消失了，所有权应运而生，工作变得必要，广阔的森林变成了必须用人们的汗水浇灌的宜人的田野，人们很快发现，奴役和贫困随着收获的到来而发芽、生长。

冶金和农业这两种技艺的发明引发了这次巨大的变革。诗人认为令人类走向文明同时也走向毁灭的，是黄金和白银，哲学家则认为是铁和小麦；而美洲的野蛮人对这两项技艺一无所知，因此他们一直保持原来的样子；而其他一些民族只要仅仅运用这两种技艺中的一种，便似乎同样也停留在野蛮的状态。与世界上其他地方相比，欧洲即便不是最早进入文明状态的，至少也是文明程度最高，也最具有延续性的地方，其最主要的原因之一，是它在铁和小麦的产量方面都是最为丰富的。

很难推测人们是如何认识并且使用铁的：因为难以相信他们会在不知道结果如何的情况下，自己想到去开采矿石，并且通过实施一些必要的工艺将它熔化。另外，我们更不可能将这种发明归功于某种意外的火灾，因为矿藏只有在草木不生的干旱之地才能形成，从而可以说自然为了不让我们发现这个致命的秘密早已采取了预防措施。因此，只剩下某个火山爆发的特殊情况了，熔化的金属物质从中喷吐而出，赋予了旁观者模仿这种自然活动的想法。此外还需要假定他们富有勇气和远见，从而才能够从事这样一项艰难的工作，并且早就预计到他们能从中获得的利益，这些几乎只有那些经验更加老到的人才能做到，而当时的那些人还不可能有这样的经验。

至于农业这项技艺则在其实践之前就早已为人们所知。他们不断从树木和其他植物上摘取食物，因此必然很快就了解了自然用以培育植物的途径，但是他们在这方面的技艺可能在很久以后才得以运用，或许是因为与打猎和捕鱼一样，树木不需要他们的照料就可以为他们提供食物；或许是因为他们还不了解小麦的用途；或许是因为缺乏种植小麦的工具；或许是因为他们没有预见到未来的需要；最后也或许是因为缺乏手段去阻止其他人将他们的劳动果实据为己有。我们可以认为，变得更为灵巧的人们开始使用锋利的石头和削尖的木棒，在他们的茅屋周围种植一些蔬菜或块根植物，在经历了很长时间之后，才懂得培育小麦，拥有大面积耕种小麦的必要工具。但他们还想不到，要投入这项工作以及播种土地，就必须决心为了之后收获很多而先失去某些东西，这种先见之明是野蛮人的思维能力所远远不能企及的，正如我之前所说，他们很难会在早上考虑自己当天晚上的需求。

因此，其他技艺的发明对于促进人类致力于农业技艺十分必要。一旦需要有一些人去熔铁炼铁，那么就必须有其他的一些人去养活他们。工人的数量越是增多，用于为大家供应食物的人手就越是减少，而消耗食物的人口数却没有减少。由于一些人需要用他们的铁去换取食物，其他的人最终发现了利用铁器来增加农业产量的秘诀。从而，一方面产生了农耕和农业，另一方面产生了加工金属以及扩展其用途的技艺。

土地的耕种必然引起土地的分配，而一旦所有权得到承认，便产生了最初的公平规则：因为要让每个人各自的东西归其所有，就必须让他们人人拥有某些东西；此外，人们开始将目光投向未来，发现各自都有可失去的一些财产，因此人人都害怕自己因损害他人而可能遭致的报复。正因为难以想象最初的所有权源于劳动力之外的其他地方，所以这个起源更加符合自然。因为人类若要将自己没有创造的东西据为己有，那么我们不知道他除了投入自己的劳动之外还有什么其他的途径。只有劳动才能赋予耕种者享有他所耕作的土地的产物的权利，并且因此而赋予他享有这块土地的权利，至少到收割为止。如此下去，年复一年的持续占有就轻而易举地转变成了所有权。格劳秀斯说，古人授予刻瑞斯[1]立法者的称号，并且将一个庆贺

1 刻瑞斯（Cérès），罗马神话中的谷物女神，对应于希腊神话中的德墨忒尔。

她的节日称为黛丝墨芙儿节[1]，就是向大家宣告：土地的分割产生了一种新的权利，也就是所有权，它不同于来源于自然法则的权利。

在这个状态中，如果才能平等，比如铁的使用和食物的消耗总是保持严格的平衡，那么事物可能依然彼此平等，但是，这种平衡很快就被打破，没有什么能够维持它。最强壮的人干的活最多；最敏捷的人能够获得最大的劳动效益；最有创造力的人能够找到简化劳动的办法；耕种者需要更多的铁具，而铁匠则需要更多的小麦。于是，在劳动量相等的情况下，有的人得到的收益很多，有的人却连生活都难以维持。从而，自然的不平等随着手段的不平等慢慢地发展起来，而人与人之间的不平等也因环境的不平等而发展起来，变得更加显著，影响力也更加持久，并且开始以相应的程度影响个人的命运。

事情到了这个地步，剩下的就很容易想象。我不会详细描述其他技艺的相继发明、语言的进步、才能的考验和运用、机会的不平等、财富的使用和滥用，也不会一一描述随之而来的细节，对此每个人都可以轻而易举地加以补充。我仅限于打量一下置于这个新的事物秩序中的人类。

于是，我们的所有才能都得到了开发，记忆力和想象力发挥作用，自尊心介入，理性变得活跃，智力几乎达到了它可能达到的完善程度。从而所有的自然品质都发生作用，每个人地位和命运不仅建立在财富的数量以及服务或损害他人的基础之上，

1　据说这个节日只有女人庆祝。

而且还建立在智力、美貌、力量或灵敏的基础之上，建立在功绩和才能的基础之上，唯有这些品质能够赢得尊重。因此人们很快就必须拥有或假装拥有这些品质，为了自己的利益，必须表现得与自己的实际情况不一样。本质与表象成为两样完全不同的东西，从这种区分中产生了壮观的排场，骗人的诡计以及一切与之相随相伴的恶习。另一方面，以前自由独立的人，由于大量新需求的产生，可以说是变得完全屈从于整个大自然，尤其是屈从于他的同类，从某种意义上来说，他成为了他们的奴隶，甚至当他成为他们的主人时也不例外。富裕时，他需要他们的服务；穷困时，他需要他们的帮助；既不富裕也不穷困时，他也不能脱离他们生活。因此，他必须不断地力图让他们关注他的命运，让他们在实际上或在表面上找到为他工作的好处：因此他对有些人狡猾奸诈，对待另一些人则专横严厉；当他不能让自己需要的人对自己敬畏，或者发现为他们提供有效服务不能让自己获得利益之时，他就必然会欺骗他们。最后，贪婪的野心，亦即不是出于真正的需要，而是为了凌驾于其他人之上的、增加自己相对财富的狂热，唤醒了所有人身上彼此损害的卑劣倾向以及隐藏的嫉妒心。为了安全无虞地干坏事，这种嫉妒心经常戴上仁慈的面具，因此也更加危险。简言之，一方面是竞争和敌对，另一方面是利益对立，不变的是隐藏的损人利己的欲望。所有这些弊端都是所有权的最初后果，也是新生的不平等不可分割的伴随物。

在发明财富的象征符号之前，财富几乎只包括土地和牲畜，这些是人们拥有的唯一的实物财产。然而，当产业的数量和面积增长到覆盖整个大地并且彼此接壤之时，一些产业的扩大就必须以损害其他的产业为条件，余下一些由于羸弱或懒散而无法获得自己的产业的人变得穷困，尽管他们没有经受什么损失，但由于他们周围的一切都在变，只有他们没有发生任何变化，因此他们不得不从富人手中领取或夺取生活所需，从而根据穷人和富人各种不同的性格产生了统治和奴役，暴力和掠夺。富人这一方才尝到一点统治的甜头，就立刻无视其他的一切乐趣了，他们利用原有的奴隶来制服新的奴隶，只想着征服和奴役他们的邻人，正如那些饿狼一样，尝过一次人肉的滋味之后便嫌弃一切其他的食物，变得只吃人肉了。

因此，最强大的人和最贫困的人分别将他们的权势和需求变成一种可以占有他人财产的权利，在他们看来，这种权利等同于所有权。平等被打破，随之而来的是更加可怕的混乱：富人的侵占，穷人的掠夺，疯狂的欲望窒息了所有人身上自然的怜悯以及正义依然微弱的声音，使得人们变得吝啬贪财、野心勃勃、凶狠恶毒。在最强者的权利和先占权之间产生了无休止的冲突，最终只能以战斗和杀戮收场。[注十七]新生的社会让位于可怕的战争状态：堕落而痛苦的人类既不能原路返回，又不能放弃他获得的不祥财产，只能滥用本该为他带来荣誉的才能，致力于为自己制造耻辱，自己走向灭亡的边缘。

这个富裕而可怜的人
被新生的灾难吓坏
他只想避开财富

之前追求的东西

如今却厌憎不已[1]

最终人类不可能不对如此悲惨的境遇以及遭受的灾难进行思考。富人尤其很快就会感受到，无休无止的战争对于他们来说是多么不利，因为他们独自承担了所有的费用。在战争中，生命的危险是所有人都要分担的，但财产的风险却由个别人承担。此外，不管他们为自己的侵占行为披上何种外衣，他们也相当明白，那些侵占行为仅仅建立在一种不确定且被滥用的权利的基础之上。这种权利仅仅依据武力获得，因此也可能被武力夺走，而他们连为自己申辩的理由都没有。甚至那些仅靠自己的本事致富的人也几乎不能为自己的所有权找到更好的凭据。他们枉费口舌地说："这堵墙是我建的，这块土地是我用劳动赚取的。"人们可以这样回答他们："谁给你划定的界线？我们又没有强迫你劳动，凭什么要我们为此支付报酬？难道你不知道你无数的同胞因你占据了太多的生活必需品而死亡或忍饥受冻？难道你不知道，需要通过人类一致的特别同意，你才能将超过自己生活所需的公共生活物资据为己有？"由于缺乏自我辩护的有效理由，不具备捍卫自身的足够力量，富人虽然可以轻而易举地压倒单个的人，但是自己也可能被成群结队的强盗摧毁。一个人对抗所有的人，同时又由于相互之间的妒忌，无法与其他富人联合到一起对抗因掠夺的共同欲求而聚集起来的敌人，因此，为形

1 参见奥维德的《变形记》第XI章，第127页。

势所迫，富人最终想到了一个人类智力从未企及过的最为深思熟虑的计划：那就是利用那些攻击他的人的力量本身为自己服务，将他的对手变成他的保卫者，用其他的行为准则鼓动他们，为他们设立另外的法规，自然法对他们有多不利，这些法规对他们就有多有利。

为了达到这个目的，富人首先向他的邻居阐明这种挑动大家彼此对抗的情况是多么可怕：富裕和贫穷一样让人负担沉重，一样不能给人以安全。随之，他轻而易举地发明了一些似是而非的道理，将他们引向自己的目的地。“让我们联合起来，”他对他们说，“保护弱者免受压迫，遏制野心勃勃的人，确保每个人拥有属于自己的东西。制定所有人都必须遵守的公正和平的法规，不偏袒任何人，通过让强者和弱者都履行相互义务，在某种程度上弥补命运的变幻无常。简言之，不是将我们的力量转过来对付我们自己，而是将它们汇聚成为一种至上的权力，让它根据贤明的法律领导我们，击退共同的敌人，将我们维持在一种永久的和谐状态之中。”

事实上要引诱那些见识粗浅且容易上当受骗的人远远不需要这么多的口舌，更何况这些人之间要争论的事情太多，仲裁必不可少；他们为人太贪婪，野心太大，不能长时间没有主人管束。因此，所有的人都奔跑着迎向枷锁，认为这样可以确保他们的自由，因为虽然他们有足够的理智去认识到政治制度的好处，却没有足够的经验来预见到它的危险。最有能力预感到其弊端的人恰恰是那些打算从中获利的人。智者甚至发现，必须下定决心牺牲自己一部分的自由才能保存另一部分的自由，正如一个受伤的人，为了保住身体的其他部分必须切除自己的一条胳膊。

这就是，或者说这可能就是社会和法律的起源。它们为弱者戴上了新的镣铐，为富人配备了新的权力［注十八］；不可逆转地破坏了自然自由，永远地确立了所有权以及不平等的法律，将巧取豪夺变成了一种不可改变的权利；为了某几个野心家的利益，自此迫使整个人类辛苦劳作、服从奴役、饱受苦难。我们很容易发现，单个社会的建立必然导致所有其他社会的建立，为了对抗联合起来的力量，自己必然也要联合起来。社会的数量迅速增多，范围迅速扩展，从而很快就覆盖了整个大地，全世界都再也不可能找到这样一个角落：在那里人们可以摆脱桎梏，摆脱常悬于每个人头上的那把通常驾驭不良的利剑。因此，民法变成了公民共同的规范，自然法只在不同的社会之间发生作用：它被称为国际法，一些默认的协议弱化了它，以便使得社会之间的往来成为可能，并且替代自然的怜悯。这种怜悯在社会与社会之间几乎失去了它在人与人之间的所有作用力，只存在于几个世界主义者崇高的心灵之中，他们跨越了想象中将各族人民分割开来的障碍，以他们的造物主为榜样，用他们的仁慈拥抱整个人类。

因此，政治体之间的关系依然处于自然状态，它们很快就感受到了一些迫使个人离开的弊端。这种状态在这些庞大的团体之间比之前在组成它们的个人之间更加有害。伤天害理的民族战争、各种斗争、谋杀以及复仇行为由此而生，还有一切可怕的偏见——它们将遍洒人类的鲜血视作一种荣誉列为美德。最善良的人也学会了将杀害他们的同类视作自己的义务，最终我们发现无数的人互相屠杀却不知所为何事；仅仅一天的战斗造成的杀戮以及夺取一座城市时犯下的暴行，就比自然状态中多个世纪全世界发生的同类情况多。这就是我们从人类被划分为不同的社会之后看到的最初后果。让我们回头看一看社会的建立。

我知道有不少人对政治社会的起源提出过其他的观点，比如最强者的征服或是弱者的联合，选择这两个起源的任何一个都与我想要论证的观点没有关系。但是，我认为我刚刚阐述的那个起源是最为符合自然的，理由如下：一、在第一种情形之下，征服权不是一种权利，不能用来创立另外一种权利。征服者和被征服的民族之间的关系依然停留在战争状态，除非重新获得完全自由的民族自愿地选择它的征服者作为它的首脑。到目前为止，不管做出了什么样的妥协，由于这些妥协都只是建立在暴力的基础之上，因此这些妥协也在事实上归于无效，从而在这个假设之中不存在任何真正的社会或政治体，除了最强者的法律之外也不会有其他的法律。二、在第二种情形下，“强”和“弱”这两个用词是含糊不清的，从所有权或者先占权的设立到政治政府设立的一段时期内，这些词的意义用“穷”和“富”来表达更为恰当。因为，事实上在法律确立之前，一个人若想奴役地位与他相等的人，那么除了谋取他们的财产或者将自己的财产分一部分给他们之外，没有其他的方法。三、由于穷人除了他的自由之外没有什么可失去的，因此对于他来说，自愿地让人拿走他仅有的财产却不换回任何东西，那简直是疯透了！相反地，富人可以说是对他拥有的一切财产都非常敏感，要损害他的利益就容易得多，因此他要采取更多的预防措施来避免损害。总之，发明人只会发明对自己有用的东西，不会去发明对自己有害的东西。

初生的政府没有一个稳定正规的形式。由于缺乏哲学和经验，人们只看到眼前的弊病，而对于其他的弊病则随着它们的出现才会想到补救。尽管最贤明的立法者做了大量工作，政体依然不完善，因为它几乎是偶然的产物，开端开得不好，尽管随着时间的推移，也发现了一些缺陷，提出了一些弥补措施，但是永远都补救不了政体的缺陷。人们不断地修修补补，然而事实上应当做的是先清扫场地，搬走旧材料，然后才建造一座好的大厦，正如斯巴达的利库尔戈斯[1]所做的那样。社会起先只包含几个所有的个人都承诺遵守的一般公约，对于他们每个人来说，共同体是公约的担保人。必须要等到经验表明这样的政体是多么脆弱之时——由于公众是唯一的见证人和法官，违反公约的人很容易就能避免留下罪证、逃避惩罚；必须要等到人们千方百计地规避法律，弊端和混乱不断加剧之时；人们才终于想到将公共权力这项危险的保管物托付给个人，让行政官去执行人民决议：因为如果说首脑是在联盟成立之前就被选定，或是法律执行官在法律本身产生之前便已存在，那么这种假设是经不起严肃推敲的。

因此，有人认为人民一开始就无条件地、义无反顾地投入一

1 利库尔戈斯（Lycurgue），传说中斯巴达的立法者，根据普鲁塔克在《列传》中的记载，利库尔戈斯生活在公元前九世纪左右。

个专制主人的怀抱，认为桀骜不驯的人们想出来的保证公共安全的最好的方法就是加速进入奴隶制，这些说法都不再合乎情理。事实上，如果不是为了抵抗压迫，保护自己的财产、自由和生命这些可以说是他们生存的组成要素，他们为何要给自己设置上级呢？然而，在人与人的关系之中，一个人遭遇的最糟糕的事就是发现自己受到另一个人的摆布，人们本来是为了保存他们唯一拥有的东西才需要得到首领的帮助，那么他们一开始就抛弃这些东西，将它们交到首领的手里，不是件违背常理的事情吗？对于这样一种重大权利的让渡，首领又能回报他们什么样的等价物呢？如果首领敢于以保护他们为借口要求他们让渡这项权利，那么他不是很快就会得到这样的答复："敌人会对我们做更过分的事吗？"因此毫无疑问，人民为自己设立首领是为了保护他们的自由，而不是为了让他奴役他们，这是一切政治权利的基本准则。普林尼对图拉真[1]说："我们之所以要有一个国王，是因为他可以避免我们有一个主人。"[2]

政治家在爱自由的问题上玩弄了哲学家在自然状态的问题上使用的诡辩术，他们根据自己看到的事物来判断自己没有见过的完全不同的事物。看到眼前的人满怀耐心地忍受他们的奴役，他们便认为那是因为人们具有天生为奴的倾向，不会考虑到自由正如天真和德性一样，只有在自己享有的时候才能体会到它们的价值，一旦失去便立刻失去了对它们的鉴赏力。

---

1 图拉真（Trajan，53—117），古代罗马帝国皇帝，五贤帝中的第二位。

2 据卢梭研究专家斯塔罗宾斯基的注解，这可能选自法国十七世纪寓言作家拉封丹的《老人与驴》。

布拉西达斯[1]对一个将斯巴达与波斯波利斯[2]的生活作比较的总督说："我了解你的国家的乐事，但你无法了解我的国家的乐趣。"

一匹不驯的骏马，只要马嚼子一靠近它，它便竖起马鬃，马蹄跺地，猛烈挣扎；而一匹训练过的马则耐心地忍受着马鞭和马刺。一个野蛮人就如同是一匹不驯的骏马，在枷锁面前决不低头，而文明人则毫无怨言地戴上枷锁，野蛮人宁要动荡不安的自由，也不要风平浪静的奴役。因此，不应当根据被奴役的人民的堕落来判断人类的自然倾向是支持还是反对奴役，而是应当根据所有自由的人民为了抵抗压迫所做出的壮举来判断。我知道，前一种人只是不断地吹嘘他们在奴役之中享有的和平与安宁，"把悲惨的奴役状态称为和平"[3]。但是，当我看到第二种人牺牲了快乐、安宁、财富、权力，甚至生命，为了保存这唯一的财产——被已经失去它的人轻视的自由；当我看到生来自由的动物因厌恶被囚，在牢笼的铁栏上撞得头破血流时；当我看到无数赤身裸体的野蛮人鄙视欧洲人的享乐，为了保持独立而藐视饥饿、炮火、刀剑和死亡时；我认识到，奴隶没有资格争论自由的问题。

至于父权，有些人认为专制政府和整个社会都由它而来，不必求助于洛克和锡德尼[4]的相反论据，只要指出以下这一点就足

1 布拉西达斯（Brasidas），伯罗奔尼撒战争初期斯巴达最有名的将军，死于公元前422年。

2 波斯波利斯，古代波斯阿黑门尼德王朝的第二都城。

3 参见塔西佗的《历史》，第IV章，第17页。

4 锡德尼（Algernon Sidney，1623—1683），英国政治家，代表作为《论政府》。

以驳斥这种观点；那就是世界上没有什么比温和的父权更加背离专制主义的残暴精神。父权更加关注服从的人的利益，而非发号施令的人的利益。根据自然的法则，父亲只有在孩子需要他的帮助的那段时间内才是孩子的主人，过了这个时期，他们之间就平等了；这时，儿子完全独立于父亲，只需要尊敬他，不需要再服从他。因为感恩是孩子应当承担的义务，但不是父亲可以强求的权利。因此，不应当说文明社会源于父权，相反地，应该说父权从文明社会中汲取了它的主要力量：一个人只有在他的子女们聚集在他周围的时候，他才被承认是他们的父亲。父亲是他自己的财产的真正的主人，他的财产是维持孩子对他的依附状态的纽带，他可以根据孩子对他的意愿的尊重程度，给予他们应得的遗产继承份额。然而，臣民非但不能期待从他们的专制主那里得到类似的恩惠，而且，由于他们自有的一切都属于他，包括他们自己和所有他们拥有的东西——或者至少专制主是这么认为的；因此，若是专制主将他们自己的财产留点给他们，他们还不得不像领受恩赐一样收下。专制主掠夺臣民是行使他的正当权利，允许他们活下去是对他们的恩典。

若是继续这样从权利的角度对事实进行考察，那么我们找不到“专制的建立出于自愿”这个论点的可靠性和真实性。如果一份契约只约束一方，一方承担所有的义务，另一方什么义务也不承担，契约的履行只是损害受契约约束一方的利益的话，那么这份契约的有效性是很难证明的。这种丑恶的制度，即便是我们今天英明善良的君主，尤其是法兰西的国王也都绝对不会采用，这一点我们可以从他们颁布的诏书中的许多地方看出来，特别是1667年根据路易十四的名义和命令颁布的著名文件中的这一段话：

“千万不要说君主不受他的国家的法律的约束，因为与之相反的主张是国际法中的一条真理。这条真理有时受到谄媚之言的攻击，但是，贤明的国王一直将它作为他们国家的守护神来捍卫。若是我们像智者柏拉图那样，说‘一个王国的至福是臣民服从国王，国王服从法律，法律公正并且始终以公共福利为目的’，那就更加合情合理了。”

我不想花费时间去探究一下这些问题：既然自由作为人类最高贵的财产，那么毫无保留地放弃造物主赐予我们的最宝贵的礼物，为了取悦残暴而疯狂的主人，顺从地犯造物主防止我们犯的一切罪恶，这难道不是降低本性、将自己置于受本能奴役的野兽的层次，甚至冒犯造物主吗？难道这个至高无上的创造者看到他最成功的作品被辱，会不如看到它被毁愤怒？我要问，那些不怕自己堕落到这个地步的人，有什么权利让他们的后代蒙受同样的耻辱？有什么权利替后代放弃并非继承自他们的财富？没有这些财富[1]，对于所有配得上它们的人来说，生命本身就是一种沉重的负担。

普芬道夫说，既然人们可以根据协议或契约将自己的财产转让给他人，那么也可以为了某个人的利益抛弃自己的自由。我认为这个推论错得离谱。因为首先，财产一旦转让出去，它就跟我完全没有关系了，我也不在乎他人滥用它；但是，别人绝对

1 这一段里的财富指的是自由。

不能滥用我的自由，这一点很重要，因为我很有可能会沦为别人的犯罪工具，那么就必然要因被迫做下的坏事受到惩罚。此外，财产权仅仅是人类制度和协议的产物，任何人都可以随意地处置自己拥有的东西；但是，自然赋予我们的主要的礼物却并非如此，比如生命和自由。每个人都可以享受它们，但是是否有权抛弃它们，至少是值得怀疑的。抛弃自由，就等于是贬低自己的存在；而抛弃生命，则是消灭自身的一切存在。由于世间的任何财物都不能补偿这两者，因此以任何代价放弃它们都是既违背自然，也违背常理的。但是，即便我们能够将自己的自由如同财产一样转让，对于孩子来说，这两者之间也存在巨大的差异。因为孩子只是根据财产权的移转享有父亲的财产，但自由是他们作为人从自然那里得来的礼物，他们的父母没有任何权利加以剥夺。从而，正如要建立奴隶制就必须扭曲本性，要使这项权利永久地延续下去，就必须改变本性。法学家们曾严正声明，奴隶的孩子生来就是奴隶，他们这么说就等于是宣称人生来就不是人。

因此我认为可以肯定的是，政府并非始于专制权力，专制权力只是政府堕落的产物，是政府的终点。专制权力最终将政府带回到唯一的最强者的法律，而最初政府的建立是对最强者的法律的补救。但是，即便政府始于专制权力，这种权力由于在本质上不合法，不能作为社会权利的基础，因此也不能作为人为的不平等的基础。

关于一切政府的基础性契约的本质还有待研究，但我今天暂不探讨这个问题，在这里我只是根据通常的观点，将政治体的建立视作人民和他们选择的首领之间订立的真正的契约。根据这个契约，缔约双方保证遵守契约中规定的法律，法律是将他们联合起来的纽带。在社会关系方面，人民将他们的意志整合成为一个意志，所有表达这个意志的条款都成为毫无例外的约束国家所有成员的基本法，其中的一项法律规定了负责监督其他法律的执行的行政官的遴选和权力。这项权力涉及对政体进行维护的方方面面，但不能改变政体。除此之外，还有一些令法律和法律的执行官受到尊重的荣誉条款。对于那些为了实现良好的管理而辛勤工作的执法者，还赋予他们个人特权作为补偿。行政官则有义务只根据委托人的意图来行使委托给他的权力，让每一个人都安宁地享受属于自己的东西，在任何情况下都将公共利益置于自己的个人利益之上。

在经验还没有证明，或是人类内心的认识还没有令他预见到这种政体不可避免的弊端之前，政体似乎应当是比较好的，因为负责保障政体的维护的人本身的利益与政体的维护最为息息相关。由于行政官的职位及其权力只能根据基本法设定，一旦基本法遭到破坏，行政官就不再具有合法的地位，人民也就没有服从他的义务。由于构成国家的要素不是行政官，而是法律，因此，每个人都理所当然地恢复了他的自然自由。

只要我们稍微用心地对此进行思考，就可以发现新的论据来证实上述内容。从契约的性质来看，它也不可能是不可撤销的。因为假如没有任何更高的权力可以确保缔约方的忠诚，或是强迫他们履行彼此的义务，那么缔约双方依然是他们自己的争讼中唯一的裁判者，一旦发现另一方违反契约规定的条件或者这些条件不再适合于他，任何一方都始终有权抛弃契约。似乎弃权的权利就是以这个原理为基础的。然而，若是只考虑人类的制度——我们也正是这么做的——假设把一切权力握在手中，并且将契约的一切利益都据为己有的行政官尚且有权放弃权力，那么因首领犯下的错误而受罪的人民更加有权抛弃这种附属关系了。但是，这项危险的权利引起的可怕纷争和无休止的混乱，比其他任何东西都更加说明了人类政府是多么需要比单一的理性更加坚实的基础，而对于公共的安宁来说，又是多么需要神意介入，赋予最高权力一种神圣而不可侵犯的特性，从而剥夺臣民处置最高权力的致命权利。即便宗教只为人们做了这一件好事，也足以让他们都依恋它，接纳它，甚至连它的弊端也不例外。因为，它让人避免的流血牺牲，比宗教狂热引起的流血牺牲还要多。但是，让我们还是根据我们的假设继续往下探讨吧。

政府的不同形式源于政府组建之时个人之间存在的大大小小的差异。如果一个人在能力、道德、财富和声望方面都很出众，他被单独选为行政官，那么国家就会变成君主制国家；如果几个彼此在伯仲之间的人优于其他所有的人，他们一起被选为行政官，那么就会有一个贵族政府。若是那些财富和才能分布比较均匀、离自然状态最近的人共同掌握最高行政，那么就形成了民主国家。时代已经证明这三种形式中哪种最有利于人类。一些人依然只服从法律，另一些人则很快就转为服从主人。公民想要保留他们的自由，臣民只想着剥夺他们的邻居的自由，因为他们不能忍受其他人享受自己再也不能享受的东西。简言之，一边追求的是财富和征服，另一边追求的则是幸福和德性。

在各种各样的政府之中，所有的行政官一开始都是通过选举产生的。当财富不占优势时，选举偏重的是功绩和年龄，因为功绩赋予人一种自然的巨大影响力，而年龄则赋予人处理事务的经验以及决策时的冷静。希伯来人的长者，斯巴达人的元老，罗马的元老院，甚至我们的“领主”一词的词源都表明了在过去，老人是多么备受尊重。越是年龄大的人当选，选举的频率就越高，选举的麻烦也就越明显。出现了阴谋诡计，形成了集团派别，党派斗争激烈，内战爆发了，最终，为了所谓的国家幸福，公民付出了血的代价，人们处于倒退到之前无政府主义的边缘。野心勃勃的权贵们利用这种情况使得他们的职位在家族中得以世袭。习惯于依附、安宁以及舒适生活的人民已经没有能力打碎自己身上的枷锁了，为了稳固自己安宁的生活，他们同意别人加重对自己的奴役。首领因此变得世袭，他们习惯于将行政官的职位看作家庭财产，将自己看作是国家的所有人，而他们起先不过是国家官员罢了；他们将自己的同胞称为奴隶，把他们当作牲口一样计入自己的财产数目中，自称与神灵同级，是王中之王。

假如我们追踪这些不同变革之中不平等的进展过程，那么就会发现，法律以及所有权的确立是它的第一个阶段，行政官职位的设定是它的第二个阶段，第三个也就是最后一个阶段是合法权力转化为专制权力。从而，第一个阶段认可了贫富差别的状态，第二阶段认可了强弱差别，第三阶段认可了主仆差别，它是不平等的最高层次，是所有其他不平等的终极阶段，直到新的变革彻底摧毁政府，或者使它走向合法的制度。

要理解不平等的这种进展的必要性，就应当考虑政治体实行时采取的形式以及实行后带来的弊端，而不是考虑建立政治体的动机，因为使得社会机构变得必要的弊端同样也使得对这些社会机构的滥用不可避免。由于法律在一般情况下不如情感强大，它只能约束人，不能改变人——斯巴达是唯一的例外，在那里，法律主要用来确保儿童教育，利库尔戈斯确立了风俗，这些风俗使他几乎不必再添加法律——因此很容易证明，任何政府若是没有腐败和变质、始终完全根据它组建的目的运行的话，那么它本身就没有组建的必要；若是一个国家里的人不规避法律，不滥用行政官的职位，那么行政官和法律就根本没有存在的必要。

政治上的差别必然导致公民之间的差别。不平等在人民和他们的首领之间增长，很快就在个人之间显示出来，并且因欲望、才能和境遇的不同而千变万化，形式各异。行政官要篡夺非法的权力，就必然要培养一些亲信，让渡一部分非法权力给他们。此外，公民也只有在受到盲目的野心诱惑时才会自愿接受压迫，他们只往下看，而不往上看，统治别人对他们来说变得比独立自主更加可贵，为了能够给别人戴上枷锁，他们同意给自己戴上枷锁。一个不求操纵别人的人很难沦落到服从别人的地步，最为机智的政治家也无法奴役只想要自由的人。但是，不平等在野心家和胆小鬼之间畅通无阻地蔓延开来，因为他们时刻准备冒险碰运气，若运气好就统治别人，若运气不好就伺候别人，对此他们几乎都无所谓。因此，必定会出现这样一个时期，人类被迷昏了双眼，以至于到达这样的地步：只要他们的领导者对最卑微的人说一句："你和你的家族都会是显要人物。"立刻，所有的人都认为他伟大，他自己也这么认为。他的后人年代越是与他隔得远，地位就越是提升得高；起因越是年代久远、模糊不清，效果就越是强大；家庭中游手好闲的人越是多，家庭就越是显赫。

如果在这方面进行详细的探讨，那么我将很容易解释，声望和权威的不平等是如何在个人[注十九]之间变得不可避免的[1]。一旦聚集在同一个社会里，人们就不得不在相互之间进行比较，考虑他们在彼此之间需要持续利用的过程中发现的差异。虽然这些差异各式各样，但是一般情况下，人们在社会中主要用财富、贵族身份或等级地位、权势和功绩来自我衡量，彼此区别。我将证明，这些不同力量之间的关系是和谐还是冲突，是衡量一个国家体制好坏的最可靠的指标。我将证明，在这四种不平等之间，个人的功绩的不平等是所有其他不平等的根源，但是最终所有的不平等都归结为财富这一最后的不平等，因为财富是最直接有利于人的福利，最容易传递，人们很容易用它来收买剩下的一切。这个观察结果让人能够比较正确地判断各个民族远离它的原始制度的程度，以及走向终极腐败所经历的路程。我注意到，这种吞噬了所有人的对于名望、荣誉和特权的普遍欲望，是如何促进了才能和力量方面的锻炼和较量，激发并增强了人的激情，将所有的人变成竞争者、对手，甚至是敌人。它让如许

1　即使没有政府的干预。——1782年版附注

多的觊觎者在同一个竞技场上赛跑，天天制造挫败、成功和各种灾难。我将证明，正是这种对于扬名立万的热望，对于出人头地的狂热，让我们几乎总是生活在自身之外，由此产生了人类之中最好以及最差的事物：我们的德性和恶习，我们的科学和谬误，我们的征服者和哲学家，也就是说，大量坏的东西，少量好的东西。最终我将证明，如果说我们看到一小撮有钱有势的人名声赫赫，享尽富贵，而民众却卑躬屈膝、默默无闻地过着穷困的生活，那是因为，有钱有势的人所看重的自己享受的东西，恰恰是其他人被剥夺的东西，在身份不变的情况下，如果人民不再贫穷，那么这些有钱有势的人也就不再幸福了。

仅仅这些细节就足以完成一部巨作，我们可以在其中衡量任何政府相对于自然状态的权利而言所具备的利弊，揭露到目前为止以及在未来的世纪中，根据这些政府的性质以及时间的推移必然引发的变革，不平等已经并且即将呈现出来的各种不同面貌。我们会看到，民众用来抵抗外来威胁所采取的一系列措施，恰恰就是在内部对他们进行压迫的措施。我们会看到，压迫不断加重，而被压迫者永远不知道压迫何时到头，也不知道他们还有什么制止压迫的合法手段。我们会看到，公民的权利和民族的自由渐渐消亡，弱者的请求被视作煽动暴乱的怨言处理。我们会看到，权术将捍卫公共事业的荣誉限定在一部分唯利是图的人身上；我们将看到从中产生了征税的必要性，因此气馁的耕种者甚至在和平时期也抛田弃犁，佩剑从戎。我们将看到，与荣誉相关的有害而怪异的法规出台。我们将看到，祖国的捍卫者迟早会成为国家的敌人，不断地举刀砍向自己的同胞；最终迎来这样一个时刻：人们听到他们对自己国家的压迫者说：

你命令我将利剑刺进
我兄弟的胸口和我父亲的咽喉
或刺进我怀孕的妻子的腹中
我的手不愿执行
但我依然要达成你的命令

从地位和财富的极度不平等中，从各种欲望和才能、有害或无益的艺术、肤浅的科学中产生了大量的偏见，与理性、幸福和德性皆背道而驰。我们会看到，首领挑起种种事端，通过分裂人民，弱化人民团结；一边维持社会表面和谐的气氛，一边播下真正分裂的种子；通过让各个阶层的人们在权利和利益上的对立，煽动他们彼此之间的猜忌和仇恨，从而加强权力，控制他们所有的人。

正是从这种混乱和变革之中，专制主义渐渐抬起了丑恶的头颅，吞噬了国家各个组成部分中发现的健康有益的东西，最终将法律和人民践踏在脚下，在共和国的废墟上建立它的统治。最后这次变革发生前会有一段动乱而灾难的时期，但是最终一切都会被这个魔鬼吞噬，人民将不再有首领和法律，只有暴君。自这个时候开始，风俗或德性的问题也就不复存在了，因为只要是专制统治的地方，**谁也别指望从忠诚那里等到什么**。专制不能忍受任何一个另外的主人。只要它一发话，就不必再去考虑道义或责任的问题，最盲目的服从就是奴隶唯一的德性。

这就到了不平等的最后一个阶段，是关闭循环、与我们的出发点相连接的终点。到了这个阶段，所有的个人之间重新变得平等，因为他们全都什么也不是，主人的意志是臣民唯一的法律，主人的欲望是他唯一的准则，善的观念和公平的原则再次消失。在这个阶段，一切都回到唯一的最强者的法则，因此，也回到一个新的自然状态，这个状态不同于我们开始时的那个自然状态，因为后者是纯粹的自然状态，而前者是极度腐败的结果。然而，这两者之间的差别极小，政府的契约因专制统治而完全消亡，以至于专制者只有在他是最强者的时候才是主人，一旦人们能够驱逐他，他也绝不能抗议暴力。最终绞死或是废黜暴君的暴乱，与暴君在前一夜处置他的臣民的生命和财产的行为同样合法。暴力是维持他的唯一力量，也是推翻他的唯一力量。一切事物都是这样根据自然秩序进行的，不论这些短暂而频繁的变革结果如何，没有人能够抱怨他人的不公正，而是只能抱怨自己的不谨慎或是不幸。

虽然将人类从自然状态引入社会状态的道路已经被遗忘和迷失，但任何一个认真的读者若是这样去发现并追寻这些道路，根据我刚刚指出的中间状况，重建因时间紧迫而被我省略，或是我没有想象到的状况，那么他定然会因这两种状态之间遥远的距离而震惊不已。正是在事物这种缓慢的更迭之中，他将找到哲学家无法解决的无数伦理和政治问题的解答。他将体会到，这个时代的人类不同于另一个时代的人类，第欧根尼[1]之所以找

1　第欧根尼（Diogène，约公元前404—前323），古希腊犬儒主义哲学家，作为苦行主义的身体力行者，他居住在一只木桶内，生活得如同乞丐。

不到人，那是因为他在他的同时代人之中寻找一个已经过去的时代的人。他会说，加图[1]之所以与罗马和自由一起消亡，是因为他生错了时代，若是早五百年掌权，这个最伟大的人定会震惊世界。简言之，他将会解释人类的心灵和情感如何缓慢地发生变化，可以说是改变了本质；为何久而久之我们的需求和乐趣改变了对象；为何当原始人渐渐消失的时候，在哲人的眼里，社会只提供了一群虚伪的人和造作的情感，这些人和情感是所有那些新生关系的产物，没有任何真正的自然基础。在这方面通过思考得出的东西，完全得到观察结果的证实：野蛮人和文明人在内心深处和爱好倾向方面如此不同，以至于让一方获得最高幸福的东西可能会使另一方陷入绝望之中。野蛮人只追求安宁和自由，他只想过闲散的生活，即便是斯多葛的不动心也比不上他对任何其他事物的漠不关心。相反，公民始终忙忙碌碌，辛勤劳作，焦躁不安，只为寻求一些更加辛苦的工作：他一直工作到死，甚至为了维持生活的状态而冒死亡的危险，或者为了获得永生而放弃生命。他奉承他仇恨的权贵，谄媚他鄙视的富人；为了获得为他们服务的荣耀不遗余力；他骄傲地炫耀自己的奴颜婢膝和他们对他的保护，以自己的奴隶地位为荣，用鄙夷的语气谈论那些没能与他共享这份荣耀的人。对于一个加勒比人来说，一个欧洲大臣忙碌于繁重而令人羡慕的工作是何种场景！这个懒散的野蛮人宁愿痛苦地死无数次也不愿意忍受这样可怕的生活，一般情况下，即便是做好事的乐趣也无法缓解这种生活

---

1 这里指小加图（Caton，公元前95—前46），罗马共和国末期的政治家，演说家，斯多葛学派的追随者。

的恐怖！但是，野蛮人若要看得到文明人付出这么多心血的目的，他的思想中就必须意识到权力和名誉这两个词的意义，他必须明白，某种人将世界上其他人的看法看得很重，他们通过他人而非自己来证明自己的幸福和获得自我满足感。事实上，这就是所有这些差别的真正原因：野蛮人自顾自地生活，社会人生活在自身之外，只在他人的评价中生活，也就是说，他只从他们的判断中获得对自身存在的感受。我的主题不在于用十分漂亮的道德说教，说明从这样一种秉性中是如何产生对于善恶的极度漠不关心的；也不在于说明一切是如何沦于表象，又是如何变得虚伪而造作的，包括荣誉、友谊、德性，甚至于是恶习本身，而人们最终从中发现了自我夸耀的秘诀；简言之，我的主题不在于说明为何我们总是询问他人我们是什么样的人，却从来不敢质问自己这个问题；为何置身于如此多的哲学思想、人道主义、文明礼仪以及崇高准则之中的我们，只有一个骗人的、肤浅的外表，只有丧失德性的荣誉，缺乏智慧的理性，失去幸福的快乐。我只需证明，这些都不属于人类的原始状态，改变并且败坏我们所有的自然倾向的，只是社会的精神以及社会产生的不平等。

我已经努力地阐明了不平等的起源和发展，政治社会的建立和弊端，并且表明了这些论点只要根据理性知识就可以从人类的本性中推断出来，不需要借助赋予主权神授的神圣教条。从以上陈述中可以得出，不平等在自然状态中几乎不存在，它从人类的才能和思想的进步中获得了发展力量并不断增长，最终随着所有权和法律的确立而变得稳定、合法；精神上的不平等仅仅为实证法所认可，只要它在比例上不符合身体上的不平等，那么它就是违反自然法的；这种区分足以决定我们在这方面应当如何思考统治着所有文明民族的不平等的类型，因为不管我们如何对不平等进行定义，以下这些显然是违背自然法则的：孩子命令老人，傻瓜领导智者，一小撮人富得冒油，而大众则因缺乏生活必需品忍饥挨饿。

作者附注

前言及第一部分

注一：

希罗多德说，在杀掉伪士梅尔迪[1]之后，波斯的七个解放者聚集在一起，讨论国家即将采取的政府形式。奥塔奈斯强烈建议共和制。这个意见从一个总督口里说出来十分离奇，鉴于总督在一个帝国中可以拥有的权势，而权贵们对于一种迫使他们尊重人民大众的政府的害怕又甚于死亡。正如我们所想，奥塔奈斯的意见并没有被采纳。看到人们开始选举君主，他既不愿意服从别人，也不愿意支配别人，所以自愿将他候选君主的权利让给其他的竞争者。作为补偿，他只要求自己和后代能够保有自由和独立，他的要求得到了满足。即便希罗多德没有告诉我们这一特权的限制，我们也必然想象得到这种限制的存在，否则奥塔奈斯若是不承认任何法律，不需要对任何人负责，那么他在这个国家里岂非权力极大，甚至比国王本身的权力还大？但是，从表面上看，一个人若是在这种情况下能够满足于这样一种特

1 波斯国王冈比西斯去世后，祭司高马他（Gaumata）冒名篡位，被人们称为“伪士梅尔迪”。真正的士梅尔迪是波斯国王西鲁斯二世的次子，被其兄冈比西斯处死。

权，那么他也基本上不会去滥用它。事实上，人们也没有看到这种权力曾经在王国里造成丝毫的混乱，智者奥塔奈斯没有那么做，他的后代也没有。

注二：

自从写这篇论文的第一步开始，我就满怀信任地将哲学家们尊重的权威之一作为依据，因为这些权威源于一种只有哲学家才能找到并感受得到的可靠而崇高的理性。尽管我们对于自我认识十分感兴趣，但我不知道，是否我们对于自身之外的一切反而更加了解。自然赋予了我们专门用于自我保存的器官，我们却只用它们来接收外部的印象。我们一心只想往外扩展，存在于自身之外，太过于操心增加我们的感官的功能，扩展我们存在的外部范围。我们很少运用这种内心的感觉，它可以使我们回复到我们真正的范围，将我们和一切不属于我们自身的东西隔离开来。然而，假如我们想要认识自己，那么就必须运用这种感觉，只有通过它我们才能做出自我评判。但是如何赋予这种感觉活力以及最大的作用范围呢？如何使这种感觉所在的我们的灵魂，摆脱我们精神上的幻觉？我们失去了运用灵魂的习惯，它在我们身体感觉的喧嚣之中毫无作为。我们的激情之火烧干了它；心灵、精神、意识，一切都致力于反对它。（布封，《自然史》，第四卷，第151页，《论人的本性》）

注三：

长期运用双足行走使得人体在构造上产生了变化，我们还观察到，在人类的双臂和四足动物的前蹄之间存在共同之处，根据这些以及从四足动物行走的习惯中归纳出的结论，人们对于何为我们最自然的行走方式产生了疑问。所有的孩子一开始都是四肢着地行走的，他们需要我们的示范和教导才能学会直立。甚至有一些野蛮民族十分忽视孩子，比如霍屯督人，他们任凭孩子长久地用双手爬行，以至于之后很难将孩子纠正过来。安第列斯群岛上的加勒比人的孩子也是如此。有很多用四足爬行的人的例子，我可以举其中的一个例子：1344年在黑森[1]附近找到了一个狼养大的孩子，后来他在亨利亲王的王宫里说，若是完全由他作主，那么他更喜欢回去与狼为伴，而不是与人生活在一起。他完全形成了与那些狼一样的行走习惯，以至于必须给他绑上几块木片以强迫他直立并维持直立时的平衡。1694年在立陶宛森林里找到的一个孩子也是如此，他与一群熊生活在一起。孔狄亚克先生说：这个孩子身上没有任何理性的表现，他用双手和双脚行走，不会任何语言，发出的一些声音与人类的声音没有任何相似之处。几年前被人带到英格兰王宫的汉诺威小野人历尽艰辛才习惯于用两脚走路。1719年有人在比利牛斯山发现另外两个野人像四足动物那样满山跑。有人可能会反驳说，他们这是丧失了让我们受益匪浅的双手的功能。除了猴子的例子表明手完全可以用作两种用途之外，这仅仅证明了人可以赋予自己的四肢比自然规定的更加便利的用途，而不能证明自然预先决定让人类用它没有教授过的方式行走。

1 德国的一个州名。

但是我认为还有很多更好的理由可以支持人类是两足动物的论点。首先，即便有人向我们表明，人一开始在体形上可能与我们看到的不一样，但最终变成了现在的这个样子，这也不足以得出结论说人就是这样演变而来的。因为，在指出了这些变化的可能性之后，还至少要证明它们的真实性，才能让人认可这些变化。此外，即便说人的双臂似乎曾经在必要的时候被当作双腿使用，这也只是有利于这个论点的单一的观察结果，而大量其他的观察结果恰恰说明了相反的论点，主要有：一是人的头颅与身体连接的方式，所有其他动物的视线都是与地面平行的，人类直立行走的时候也是如此，但是假如人类四肢着地行走，那么他的眼睛就直视地面，这种情形十分不利于个人的自我保护；二是人没有尾巴，若是他用双足行走，那么尾巴对他来说毫无用处，但是尾巴对于四足动物来说是有用的，所有的四足动物都有尾巴；三是女性的乳房生长的位置十分适合将孩子抱在怀中的两足动物，但是对于四足动物来说十分不适宜，因而没有哪种四足动物的乳房是长在那个位置的。人类的下半身与上肢相比要高得多，因此若是四肢着地行走，那么就必然要用膝盖爬行，这使人成为一种比例失调的动物，行走起来也十分不便；四是即便人类把手脚都那样平放在地，他的后腿也比其他的动物少一个关节，也就是将股骨和胫骨连接起来的那个关节。若是只用脚尖着地（这无疑是他不得不那么做的），那么就算不考虑组成跗骨的数量繁多的骨头，也会由于跗骨本身太过粗大而无法替代股骨，而跗骨的关节又由于跖骨与胫骨之间的距离太近，使得人类的小腿在这种情况下没有四足动物那样柔韧。有人以孩子为例，但由于在孩子所处的年龄阶段，自然的体力还没有得到开发，四肢还没有长结实，所以完全不能据此得出任何结论。不然，我还可以说，狗并不是注定能行走的动物，因为它们在出生之后的几个星期内都只会爬行。一些个案还不足以颠覆所有人的普遍实践，甚至一些与其他民族没有往来，从而也没有从他们那里模仿到什么的民族亦是如此。一个小孩若是在能够行走之前被弃于森林之中，由某只野兽喂养，那么他会以那只野兽为榜样，练习它的行走方式；习惯可能赋予他并非来自自然的才能；正如一些失去双手的人经过不懈的锻炼，最终能够用他们的脚完成我们用手所做的一切事情那样，这个孩子最终也会将他的手当作脚用。

注四：

若是我的读者之中有某个比较蹩脚的自然科学家，就土地自然肥沃的假设提出异议，那么我会用底下一段话来答复他：

> 由于植物从空气和水中汲取的养料比从土地中汲取的养料多得多，因此，在腐烂的时候，它们还给土地的也比从土地上汲取的更多；此外，森林通过阻止水汽蒸发留住了雨水。因此在长期保存良好、未经砍伐的树林里，适合植物生长的土层大幅度增厚。但是动物还给土地的比它们从土地中获取的要少，人们大量消耗草木用于生火和其他用途，因此，在有人居住的地方，植被土层必然不断减少，最终变成了阿拉伯以及东方其他很多国家的荒凉之

地那样的地方。事实上，东方那些国家是最早有人居住的地方，但现在只找得到盐和沙粒了，因为动植物固定的盐分遗留了下来，而所有其他的部分则挥发殆尽。(布封，《自然史》)

除此之外我们还可以补充一些事实证据，比如，最近几个世纪以来发现的所有荒岛上几乎都覆盖了大量各种各样的草木；历史告诉我们，随着地面上居民数量的增多和文明化，必然要砍伐大片的森林。对此，我还要指出以下三点：其一，假如存在某种植物可以补偿动物造成的植物物质的消耗，那么根据布封先生的论证，尤以树木为最。树木的树冠和叶子能够比其他植物聚集并且保留更多的雨水和水汽。其二，土壤的破坏，也就是说，随着土地开发程度的加深，愈加勤劳的居民消耗的各种产品增多，适合植物生长的物质也流失得更快。其三，更重要的一点是，树木的果实为动物提供的食物比其他植物提供的要多，我自己曾做过试验，对两片面积和质量都相同的土地的产品做过比较，其中一片土地上种栗子树，另一片种小麦。

注五：

在四足动物之中，肉食动物具有两个最普遍的特征：其一是牙齿的形状，其二是肠子的构造。食草动物的牙齿都是平的，比如马、牛、羊、兔，而食肉动物的牙齿都是尖的，如猫、狗、狼、狐。至于肠子，食果动物具有几种肠子，比如结肠，而食肉动物则没有。由于人类的牙齿和肠子与食果动物的一样，因此，人类似乎应当自然而然地被列入这一类型，不仅解剖学的观察结果证明了这一观点，而且古代的文献对此也十分支持。圣人热罗姆说："狄塞雅克在他的《希腊古代文物卷》中记载，在农神萨图恩统治期间，土地本身还很肥沃，没有人食肉，人人都靠自然生长的果实和蔬菜生活。"(《驳若维尼安》，第二卷)[1]从这里我们可以看到，我忽略了很多本可以利用的论据。因为猎物几乎是食肉动物之间互相争斗的唯一原因，而食果动物之间则长期和平相处。假设人类属于食果动物，那么很明显，他在自然状态中更容易生存，而他脱离自然状态的需求和机会也要少得多。

注六：

一切需要思考的知识，一切只能通过思想的连贯才能获得并且逐渐完善的知识，似乎完全超出了野蛮人的能力范围，因为缺乏与同类之间的交往，也就是说，缺乏用于交往的工具以及使这种交往成为必要的需求。野蛮人的知识和技能只限于跳、跑、搏斗、扔石头、爬树。虽然他只做这些事情，但是他做得比我们都好，因为我们没有同他一样的需求。由于这些事情只依赖于身体的锻炼，不可能彼此交流，在个人与个人之间也不可能有什么长进，因此第一个人与他最后一代子孙在这方面的灵巧程度相当。

旅行家的游记中充斥着关于未开化的蛮族人的体力和精力

---

1 近代许多旅行家的游记为此提供了依据，其中弗朗索瓦·科勒尔指出，被西班牙人迁徙到古巴岛、圣多明各岛和其他地方的巴哈马群岛的居民，大部分都因食肉而死亡。——1782年版附注

的事例。这些叙述大肆赞扬他们的灵敏和轻巧，由于这些情况只要用眼睛就可以观察到，因此没有什么能够阻止我们相信目击证人在这方面的证明。我从随手翻到的书籍中随机地选取几个相关的例子。

考尔邦[1]说："霍屯督人比好望角的欧洲人更深谙捕鱼。无论是用渔网、渔钩还是渔叉，在海湾还是在江河里，他们都表现得一样灵巧。他们徒手抓鱼也同样灵活，游泳的技能无可匹敌。他们游泳的方式有些惊人，但是十分适合他们：直着身子，双臂展开，伸出水面，以至于看起来就像是在陆地上行走。在海水波涛汹涌之时，他们在动荡不安的海面上，可以说是在浪峰上跳舞，如一块软木起起伏伏。"

该作者又说："霍屯督人在打猎方面身手敏捷得惊人，他们奔跑时的轻快程度超乎想象。"他很惊讶，他们不常将自己的敏捷用于不良用途，但是这种情况有时也会发生。我们可以根据他举的一个例子来对此进行判断。他说：

"一个荷兰水手在好望角登陆，他让一个霍屯督人扛着一捆约有二十斤重的烟草跟他进城。当他们两人离开人群有段距离的时候，霍屯督人问水手是否会跑。荷兰人回答道：'跑？会，跑得很快。'那个非洲人接着说：'那就来跑跑看。'说完带着烟草就跑得不见人影。水手被这种神奇的速度惊呆了，根本没想到去追他。他再也没见到他的烟草和搬运工。

"霍屯督人的目光敏锐、下手精准是欧洲人望尘莫及的。在

---

1 考尔邦，或称考尔卜，这段引文卢梭摘自《旅游纪事集》第十四卷。参见考尔邦著《霍屯督人聚居地游记》（1713）及《好望角风情录》（1741）。

百步之外，他们可以用一块石头击中半个苏硬币大小的目标。更令人惊讶的是，他们不像我们那样将目光锁定在目标上，他们不停地做些动作、扭动身体。就好像他们的石头是被一只无形的手送到目标上的。”

迪戴尔特神甫讲述的关于安第列斯岛上的野蛮人的情况，与我们刚刚读到的好望角的霍屯督人的情况差不多。他尤其赞扬他们用箭射飞鸟和游鱼的精准度，之后他们还会跳入水中将射中的鱼取出来。北美洲的野蛮人在体力和灵敏度方面毫不逊色，而下面一个例子则可以让人判断南美洲印第安人的体力和灵敏度。

1746年，布宜诺斯艾利斯的一个印第安人，被判处去加的斯的战船上划船的刑罚。在刑罚实施前，他向总督提议，他要在一次公共节日上冒生命的危险赎回他的自由。他承诺他将独自攻击一头最狂暴的公牛，除了手持一根绳子之外不带任何其他武器，他将击垮它，在人们指定的部位用绳子缚住它，给它上鞍，套笼头，骑上它，还要骑着它与另外两头从牛栏中放出来的最狂暴的公牛搏斗，并且在人们要求的时刻、在没有任何人协助的情况下，将它们先后杀死。总督同意了他的提议。印第安人兑现了诺言，完成了所有承诺的事。关于他是如何行事、搏斗的细节又是如何的，可以参考戈蒂埃先生《博物学评论》十二开本中的第一卷，第262页，这个事例就摘自此处。

注七：

布封先生说：“马的寿命正如所有其他动物一样，与它的成长期成正比。”人的成长期为十四年，因此人的寿命是这个期间的六到七倍，也就是说九十到一百年。马的成长期为四年，它的寿命可以是这个期间的六到七倍，也就是说二十五到三十年。不符合这个规律的例子少之又少，甚至于我们不能将这些例子视作可以从中得出任何结论的例外。由于劣马的生长期比优质马的生长期短，因此它的寿命也比优质马短，自十五岁就老了。

注八：

我认为在食肉动物和食果动物之间还有一个差别，这个差别比我在注五中指出的差别更具普遍性，因为这个差别可以延伸到鸟类。这个差别在于幼崽的数量，食草动物每胎的数量都不超过两个，而食肉动物则一般都超过这个数量。在这方面，从乳头的数量上就很容易看出自然的用意：每只雌性食草动物只有两个乳头，比如母马、母牛、母山羊、母鹿、母绵羊等，而其他雌性动物，比如母狗、母猫、母狼、母虎等则总是有六到八个乳头。母鸡、母鹅、母鸭与鹰、鹞、枭一样都是食肉动物，它们产很多卵，孵育大量幼雏。但是在鸽子、斑鸠以及其他完全只吃谷物的鸟类身上则从未发生这种情况，它们每次几乎只生产并且孵育两个卵。之所以有这种差异，原因可能是只靠草类和其他植物生活的动物几乎整天都停留在食料边，不得不花很多的时间在进食上，没有足够的时间给好几只幼崽哺乳，而食肉动物几乎在片刻间就用完了餐，它们可以更容易、更频繁地回到幼崽身边照顾或者去捕猎，补充大量消耗的奶水。在这方面还要进行很多特殊的观察和思考，但不是在这里。在这个部分，我只要提出自然界最普遍的规律就足够了，这种规律为我们将人类从食肉动物的类别中分离出来、列入食果动物的类别中去提供了新的理由。

注九：

有一位著名的作者[1]曾经对人类生命中经历的幸福和痛苦的数量进行过计算和比较，他发现痛苦远远多于幸福，并且从总体上来考虑，生命对于人类来说是一件十分糟糕的礼物。对于这个结论我丝毫不感到惊讶：他是从文明人的体质中得出他所有的推论的。假如他追溯到自然人，那么我们可以断定他会得出截然不同的结论，他会发现，人类的痛苦几乎都只是自己造成的，自然是无罪的。而我们把自己害到如此不幸的地步，也不是轻而易举办到的。当我们一方面重视人类完成的丰功伟绩：深入研究了多少科学，发明了多少技艺，运用了多少力量，填平了深渊，削平了山峰，粉碎了山岩，疏通了河流，开垦了土地，开凿了湖泊，抽干了沼泽，在地面上建起高楼大厦，使海面上遍布船只和水手；另一方面，我们也稍稍思考一下，寻找所有这些为人类的幸福带来的真正的好处。我们不由得震惊地发现这两者之间是多么地不成比例，并且悲叹人类的盲目，这种盲目使得人类为了满足自己可笑的骄傲以及某种虚幻的自我欣赏，狂热地追求他可能遭受的一切苦难，而这些苦难恰恰是仁慈的自然费尽

1 这里指的是数学家莫柏都依（Maupertuis，1698—1795），《论伦理哲学》，第三章。

心思让他避开的。

人是凶恶的，这个结论源自悲哀而源源不断的经验，无需证明。但是人生来是善良的，我认为这一点我已经证明。那么如若不是他体质上发生的变化、他取得的进步以及获得的知识，又是什么使得他堕落到这样的地步呢？不管人们如何尽情地赞美人类社会，都改变不了这样一个现实，那就是人类社会必然促使人与人之间随着彼此利益的交叉而互相怨恨，表面上彼此帮助，实际上尽可能地互相伤害。人们如何看待这样一种人与人之间的交往：在其中，每个人的理性都给自己指定一些准则，而这些准则与公共理性向全社会说教的准则截然相反，因为他们每个人都从他人的不幸中谋求自己的利益。或许没有一个富人不被他贪婪的继承人——通常是他自己的孩子——暗暗盼望着死去；没有一艘海船的遇难对于某个大商人来说不是个好消息；没有哪间商号不被某个债务人希冀着发生火灾，连同其中所有的票据一同烧毁；没有哪个民族不对他的邻族遭遇的灾难幸灾乐祸。我们正是这样从同类的受损中获取自己的利益，而一方的不幸几乎总是成就另一方的幸运。但更加危险的是，公共灾难成为很多人的期待和希冀。有的人希望疾病流行，有的人希望大片死亡，有的人希望战争爆发，有的人希望饥荒肆虐，我曾经看到一些可怕的人见到丰年的景象反而痛苦地流泪。致命的伦敦大火灾[1]夺去了无数不幸的人的生命和财产，却可能也让一万多人发家致富了。我知道蒙田曾指责雅典人得马得斯[2]，因

1 指1666年发生的伦敦大火灾。

2 得马得斯（Démades，约公元前380—前318），雅典演说家。

为后者惩罚了一个将棺材高价售出、利用市民的死亡大发横财的工匠。但是蒙田指责他的理由是，应当惩罚所有的人而不只是工匠。很明显，他的理由证明了我的论据。因此，应当透过我们肤浅表面的善意，深入了解内心深处的想法；也应当思考一下，若是所有的人都被迫一边彼此亲近、一边互相损害，若是大家因责任而生来为敌、又因利益而彼此欺骗，那会是怎样一种境况！若是有人回答我说，社会就是这样构成的，每个人都通过为他人提供服务获取利益，那么我会反驳，若是他不通过损害他人来获得更多利益的话，那就太好了。没有哪种合法的盈利能够比得上非法得利的，而损害邻人总是比为他提供服务更加有利可图。因此问题只是在于找到确保自己不受处罚的方法，正是为了这个目的，强者才用尽权势，而弱者则费尽心机。

野蛮人用完餐之后，与整个自然和平共处，对所有同类态度友好。即便有时为了食物发生争执，在没有对打败对方的困难与在别处找到食物的困难进行比较之前，也从来不会动手。由于没有自尊情绪的掺入，战斗在对打几拳之后就结束了。胜利者用餐，失败者另觅机会，一切都归于平静。但是到了社会中的人那里事情就不一样了。首先是满足生活必需，其次是获得富余，随后是追求安逸、巨额财富，再然后是拥有臣民、奴隶，没有一刻松懈的时候。更奇怪的是，需求越是非自然、不紧迫，欲望就越是强烈，最糟糕的是，用以满足这些需求使用的暴力也越大，以至于在长期的繁荣之后，在侵吞了大量财富、蹂躏了很多人之后，我们的英雄最终扼杀了一切，直至自己成了宇宙唯一的主人。这就是人类道德的缩影，即便不是人类生活的缩影，至少也是所有文明人内心隐蔽企图的缩影。

让我们不带偏见地对文明人和野蛮人的状态进行比较，如果可能的话，研究一下，除了他的恶意、需求以及苦难之外，文明人又开启了多少通向痛苦和死亡的新大门啊！假如你考虑一下使我们心力交瘁的精神痛苦，让我们筋疲力尽、备受折磨的强烈欲望，穷人超负荷的繁重工作，富人沉湎于其中的更加危险的奢侈逸乐，这些让有的人死于缺乏必需品，有些人死于享用过度；假如你想一想食物的奇怪混合，有害健康的调料，腐烂的食物，掺假的药品，卖假药的商人的诈骗，医生开处方的错误，配制药剂所用器皿的毒性；假如你注意到大量人群聚集造成的不良空气引起的流行病，我们考究的生活方式、室内室外进进出出、增减衣服太过随意，以及所有因过度耽于声色而转变成习惯的悉心照料引起的疾病，这些照料一旦被忽略或剥夺，就会让我们付出生命或健康的代价；假如你再算上烧毁、破坏了多少整个城市、造成无数居民死亡的火灾和地震，简言之，假如你将所有这些不断聚集在我们头上的危险集中起来，你就会感受到，由于我们藐视自然给予我们的教训，自然让我们付出了多么惨重的代价。

我不想在这里重复我在别处已经谈过的战争，但是，我希望知情人愿意并且敢于给公众详细讲述一下军需品和医院的承包商在军队中犯下的暴行，这样我们就会看到，他们那不太隐秘的勾当使得最出色的军队瞬间软弱无力，造成的士兵的死亡比敌人的武器杀死的还多。由于饥饿、坏血病、海盗、火灾或是遇险，大海每年吞噬的人数统计也是令人惊讶的。很明显，应当把以下这些都归咎于所有权的建立，从而也归咎于社会：谋杀、毒害、拦路抢劫以及对于这些罪行的惩罚本身。为了防止更大的损害，惩罚是必要的；但是，因为杀害一个人，要两个或更多的人为之付出生命，难道不是在实际上使人类遭受双倍的损失吗？为了阻止人类的生育、欺骗自然，采取了多少可耻的方法？或是通过这些粗暴、堕落的癖好来侮辱自然最可爱的作品，这些癖好是野蛮人和动物都从来不了解的，这些文明国度的嗜好只源于一种堕落的想象，或是通过秘密堕胎——这是荒淫无度、放荡好色的相应后果；或是通过抛弃或杀死大批婴儿——作为他们贫穷的父母或是残忍羞耻的母亲的牺牲品；最后，或是通过对那些不幸的人实施阉割，他们的一部分生命以及整个后代成为无意义的歌唱[1]的牺牲品；或者，最糟糕的是，成为某些男人剧烈的嫉妒心的牺牲品。在最后一种情况下，鉴于忍受阉割的人遭受的待遇以及他们的用途，这种阉割是对自然的双重侮辱。[2]

---

1 十八世纪意大利基督教等教派的教堂内有一种成年男子组成的童声唱诗班，为了能够永久地保持稚嫩的童声，他们在青春期到来之前被阉割，专门唱宗教诗歌。

2 但是，父权无数次公然地违背人道主义的情况，不是更加常见、更加危险吗？父亲轻率的强迫手段埋没了多少才干，扭曲了多少天性？多少人，在适合他们的状态中本可以出类拔萃，却在另一种他们根本不感兴趣的状态中悲惨而耻辱地死去？由于社会的等级秩序始终与自然秩序相悖，多少幸福但不门当户对的婚姻遭到破坏和干扰，多少贞洁的妻子遭到玷污！多少其他因利益而形成的奇怪的婚姻关系得不到爱情和情理的认可！甚至，多少品性正直高尚的夫妻由于彼此不相配而互相折磨！多少不幸的年轻人成为父母贪财的牺牲品，在放荡的生活中沉沦，或是在内心厌恶，却又无法解除的仅靠金钱形成的婚姻关系中呻吟、流着泪水悲伤度日！有时，那些在野蛮的暴力迫使他们犯罪或是陷入绝望之前，出于勇气和德性甚至抛弃自己的生命的人又是多么幸福！原谅我，永远不幸的父亲与母亲，我并不愿刺激你们的伤痛，但是，但愿这些伤痛能够成为任何竟敢以自然的名义侵犯它最神圣的权利的人永恒而可怕的警戒！

虽然我只谈及这些我们的文明制度造就的不良婚姻关系，但是是否大家就此认为，由爱情和同情所支配的婚姻就毫无缺陷了呢？——1782年版附注假如我再指出，人类的根源本身已经遭到侵蚀，这种侵蚀一直延伸到所有关系中最神圣的婚姻关系，在这种关系中，人们只有在咨询了财产情况之后才敢听从本性，社会的混乱混淆了美德和恶习，禁欲成为一种罪恶的预防措施，拒绝生育成为一种人道主义行为，那么，大家又会怎么想呢？但还是不要撕开掩盖这么多丑恶的面纱了，让我们满足于指出弊病，而让别人来加以矫正吧。

除了这一切之外，还有大量危害健康的职业，这些职业或是缩短人的寿命，或是破坏他们的体质：比如煤矿业、金属、矿石的冶炼，尤其是铅、铜、汞、钴、砷、雄黄的炼制；还有另外这些危险的职业每天都夺去大量工人的生命，如屋面工、木工、泥瓦工、采石工。我可以说，只要把这些原因综合起来，我们就可以看到人类在社会的建立和完善过程中数量减少的原因——人口减少是不止一个哲学家所观察到的现象。

对于贪图个人享受以及他人的尊敬的人来说，奢侈之风难以防止。这种风气很快将社会刚刚产生的恶习推进到无以复加的地步，他们以养活穷人为借口，但这是奢侈不可能做到的，奢侈的结果是使其余的人全都陷入贫困，国家人口迟早减少。

奢侈这个药方比它声称可以治愈的恶习还要糟糕得多，或者说，它本身就是所有恶习之中最糟糕的恶习，不管是在哪个国家里，也不管国家大小如何。为了养活它所造就的大批仆人和穷人，它让农夫和公民不堪重负，倾家荡产。如同南方炙热的风，让草场绿地遍布害虫，凡其所经之处，有益动物失去食粮，大地一片荒芜与死亡。

从社会以及社会产生的奢侈之中诞生了自由艺术、机械技术、商业、文学，所有这些令工业繁荣起来的无用的东西，既造就了国家的富裕，也导致了国家的灭亡。灭亡的理由很简单。我们很容易发现，农业本质上应当是所有技艺中最无利可图的，因为农产品是所有人都必须用到的，它的价格应当与最穷苦的人的财力相当。根据这个原理，我们可以推出如下规则：一般情况下，技艺的获利与它的有用性成反比。最必需的技艺最终必然最受忽略。从这里我们可以看出，应当如何评价工业的真正益处以及工业进步带来的真正后果。

富裕最终促使最受欣羡的国家加速进入赤贫状态，其显要的原因就在于此。随着工业和艺术的发展和繁荣，受到蔑视的耕种者负担了为维持奢侈所必需的赋税，注定在辛劳和饥饿之中度过一生，因此，他们抛荒弃田，来到城市里谋生，赚取本应当由他们提供的面包。大都市越是让老百姓羡慕得目瞪口呆，荒废的农村、荒芜的田地、大道上充斥着沦为乞丐或强盗的不幸的市民的景象就越让看到的人悲叹不已，这些人注定有一天会在穷困潦倒或车轮酷刑中终结悲惨的一生。国家就是这样一方面日渐富裕，另一方面国力式微、人口减少的；最强大的君主制国家在大兴工程之后一方面变得富裕，另一方面人口萧条，最终成为无法抵抗致命的侵略诱惑的穷苦国家的猎物；而后轮到这些国家富裕起来，衰弱下去，直到它们自己也被其他的国家侵略和毁灭。

希望有人为我们解释一回，在这么多个世纪中，大量拥入欧洲、亚洲和非洲的大批蛮族是如何而来的？这个惊人的人口数量，应当归结于他们技艺的精湛、法律的贤明、管理的精良吗？希望我们的学者愿意告诉我们，为何这些残暴粗野的人，没有知识，没有约束，没有教育，却不会为了争抢食物或猎物而随时互相残杀、全部死亡，反而数量繁衍到这个程度？希望学者们能够为我们解释，为何这些无耻之徒，竟敢目光放肆地直视我们这些拥有如此严明的军纪、如此完善的法典和贤明的法律的能干的人？最后，为何自从社会在北部地区日益完善以来，自从那里的人们费尽心力地告诉大家彼此之间的义务以及愉快、和平地相处的生活艺术以来，就再也没有看到像以往那样人口的大量繁殖了呢？我很害怕，有人最终竟敢回答我说，人们之所以极其明智地发明所有这些伟大的事物，亦即艺术、科学和法律，是因为担心这个为我们所专用的世界最后小得无法容纳所有的居民，它们就像是一种有益的瘟疫，被用来防止人类的过度繁殖。

那又如何呢？是否需要毁灭社会，消灭“你的”和“我的”之分，回到森林里与熊生活在一起？这是根据我的反对者的思维方式得出的结论，我既想预防这种结论的产生，也想将得出这种结论的耻辱留给他们。啊，你们听不到上天的声音，认为你们的目的只是平平安安地度过这短暂的一生，你们可以将自己不祥的所得、不安的灵魂、堕落的心灵以及疯狂的欲望全都遗弃在城市之中，既然你们可以自由选择，那么重拾你们古老而原始的天真，到森林里去吧，从而看不到也记不得你们的当代人所犯下的罪行；在为了抛弃你们的恶习而抛弃你们的知识的时候，也根本不用担心人类会因此堕落。至于像我这样已经被欲望永远地破坏了原始的纯朴的人，再也不能以野草和橡栗为食，也不能没有法律和首领；那些自他们的始祖开始就有幸受到超自然的训诫的人；那些在首先赋予人类行为长久以来都不曾获得的道德性的意图中，看到一句箴言[1]本身不偏不倚，但在其他任何体系中却无法解释的道理的人；简言之，那些相信上帝的声音是呼唤整个人类去追求天使的智慧和幸福的人，所有那些试图通过一边学习认识、一边练习他们不得不实践的美德，让他们无愧于自己可以期待的永恒的报酬的人。身为社会的一员，他们将会尊重社会中的神圣关系；他们会爱他们的同胞，竭尽全力地为他们服务；他们一丝不苟地遵守法律以及尊重制定法律和执行法律的人，他们尤其敬重那些能够预防、治愈以及缓解人量时刻准备着压垮我们的苦难和弊病的善良、贤明的国王；他们向这些可敬的首领无所畏惧、毫不奉承地表明他们的任务的重大性以及职责的艰巨性，从而激发后者的工作热情；但是他们依然鄙视这样一种只能借助于如此多的可敬的人才能得以维持的政体，而这些可敬的人通常是求而不得的，并且尽管他们已经费尽心血，从这个政体中产生的真正的灾难却总是比表面的益处要多。

注十：

在我们——或是我们自己，或是历史学家，或是旅行家——所了解的人之中，有的是白皮肤，有的是黑皮肤，有的是红棕色

1 根据卢梭研究专家斯塔罗宾斯基的注释，卢梭在这里谈到的箴言是《圣经·创世记》中上帝禁止人类食用“分辨善恶之树”的果子的禁令。

的皮肤；有的人披着长发，有的人只有卷毛绒；有的人几乎浑身都毛茸茸的，有的人甚至连胡须都没有；曾经有或许现在还有一些巨人族，撇开只可能是言过其实的俾格米人的传说不谈，我们知道拉普兰人，尤其是格陵兰人比中等身材的人要矮小许多。甚至有人认为，有些民族如同四足动物一样全都长着尾巴。虽然我们并不盲目相信希罗多德[1]和克特西亚斯[2]的叙述，但是我们至少可以从中得出这样一个十分接近真实的观点：在远古时代，不同的民族遵循的生活方式远比现在还要多样，假如我们能够对此作出详细的观察，那么我们还可以在人体的外形和习惯上注意到更加令人震惊的多样性。很容易为所有这些事实提供不容置辩的证据，只有习惯于只观察自己周围的事物的人才会对这些事实感到惊奇，他们不知道多样的气候、空气、食物、生活方式以及一般习惯对人产生的强烈影响，尤其是同样的因素持续作用在世世代代的人身上所产生的惊人的力量。今天，商业、旅游和征服进一步将不同的民族聚集到一起，由于频繁的交往，他们的生活方式不断地接近。我们发现，某些民族之间的差异缩小。比如，每个人都注意得到，罗马人的频繁往来消除了气候在居民的自然体质以及肤色上的影响，尽管由于时间的推移以及法兰克人和诺尔曼人的混合——他们本身的皮肤是白色和金栗色的——本应当使这种影响得以恢复，然而今天的法国人不再具有拉丁历史学家所描述的白色或金栗色的皮肤，以及高大

1 希罗多德（Hérodote，约公元前484—前425），古希腊作家，其代表作《历史》是西方文学史上第一部流传下来的散文集，在古罗马，希罗多德被誉为“历史之父”。

2 克特西亚斯（Ctésias），公元前五世纪希腊医生，有关波斯和印度的历史学家。

的身材。无数的原因可以使人类产生并且事实上也已经产生多样性，所有关于这方面的观察结果令我怀疑，旅行家视作野兽的类似人类的各种动物是否事实上就是真正的野蛮人。旅行家之所以将它们视作野兽，是因为对其研究甚少，或者是因为只观察到这些动物在外形上的某些差异，也或者仅仅因为它们不会说话。野蛮人的后代自古以来就散居在森林里，没有发展自己任何一种潜能的机会，没有获得任何程度的完善，因此依然处于自然的原始状态。让我们用一个例子来说明我意欲表达的观点。

《旅行纪事》的译者说：

> “我们在刚果王国里发现有许多大型动物，这种动物在东印度被称为奥兰—乌当，是一种介于人类和狒狒之间的动物。巴特尔[1]说有人在罗安格王国[2]的麦永巴森林里看到两种怪物，其中体型较大的那种叫作庞戈，另外一种叫作安若柯。第一种与人类十分相似，但是它们比人类粗壮得多，身材十分高大。它们长着一张人类的脸，眼睛深凹。它们的手、颊、耳都不长毛，但是眉毛却十分长。尽管它们身体的其余部位都有毛发覆盖，但却不是十分浓密，毛发是棕褐色的。最后，它们与人类唯一相区别的部分是腿：它们的腿没有腿肚。它们直立行走，一边用手揪住脖子上的毛。它们栖息在树林里，睡在树上，并且在树上搭一个类似棚顶

1 巴特尔（Andrew Battel），十六世纪英国旅行家。著有《安哥拉游记》，载于《旅行纪事》第八卷。

2 罗安格（Loango），十五至十九世纪中非的一个王国。

的东西来遮雨。它们以野生的水果和核桃为食，从来不吃肉。穿越森林的黑人习惯在夜里生几堆火，早上出发的时候他们注意到，那些庞戈围着火占据了他们原来的位子，直到火熄灭才离去：因为尽管它们身手敏捷，但是见识不够，不知道可以往里边添加木柴以保持火不熄灭。

“庞戈有时成群结队地行走，杀死穿越森林的黑人。它们甚至猛烈攻击来到它们的居住地吃草的大象，用拳头或是棍棒击打它们，令它们不堪其扰，被迫嘶叫着逃离。人们从来不曾活捉过庞戈，因为它们是如此的强壮，以至于十个人都逮不到它们。但是黑人在杀死了母庞戈之后抓获过不少小庞戈，因为小庞戈紧紧依附在母庞戈身上：每当一只庞戈死去，其余的庞戈用一堆树枝和树叶覆盖它的躯体。波查斯[1]补充说，在与巴特尔的交谈中，巴特尔曾亲口告诉他，一只庞戈从他身边劫走了一个小黑人，这个小黑人在这群动物中生活了整整一个月，因为小黑人注意到，它们根本不会伤害它们抓到的人，至少当被抓的人不看它们的时候是这样。至于第二种怪物安若柯，巴特尔没有任何描述。

“达佩尔[2]确认说，刚果王国里到处都是这种动物，在印度，它们被称为奥兰—乌当，意指树林里的居民，非洲人则将它们称为果亚斯—莫罗斯。他说，这种动物与人类如此之相像，以至于某些旅行家竟然会想到它们可能是由女人

1 波查斯（Purchass），十六至十七世纪英国编纂家，编纂过巴特尔的游记。

2 达佩尔（Olfer Dapper），十七世纪荷兰医生、地理学家，编辑过很多描述非洲和亚洲地区见闻的游记。

和猴子生的：这种异想天开的想法是黑人都不会接受的。有一只奥兰—乌当被人从刚果运到了荷兰，呈献给奥兰治国王腓特烈—亨利。它与三岁的儿童一般高，胖瘦适中，身材厚实，比例匀称，十分灵敏活泼，它的小腿强壮多肉，身体的正面光裸无毛，后背则覆盖着黑色的毛发。它的脸乍一看像人脸，但它的鼻子扁平弯曲，它的耳朵也跟人类的耳朵一样。由于这是一只雌性动物，它的乳房丰满，肚脐凹陷，窄肩，手也分为拇指和几根手指，它的腿肚和脚跟粗壮有肉。它通常用小腿直立行走，能够举起并且负载比较沉重的东西。当它想要喝水时，它会一手拿着水壶的盖子，一手托着水壶的底部。喝完水后还会优雅地擦擦嘴。它躺着睡觉，头靠在一个垫子上，非常灵巧地给自己盖上被子，以至于让人误解为是一个人躺在床上。

"黑人对这种动物作了离奇的叙述。他们肯定地说它们不仅强暴妇女和女孩，而且还敢于攻击携带武器的男人。简言之，它们看起来很像是古人所说的森林之神。麦罗拉[1]讲到黑人在打猎的时候偶尔会捕获到一些男女野人之时，说的可能就是这种动物。"

就在这本《旅行纪事》的第三卷中还谈到了这类人形动物，不过被称为贝果和曼特利尔，但是根据之前的叙述，我们在对于这些所谓的怪物的描述中发现一些与人类惊人地相似的地方，

1　麦罗拉（Jérome Merolla），十七世纪意大利传教士，代表作：《刚果游记》，载于《旅行纪事》第八卷。

他们与人类之间的一些差异比人与人之间可能的差异还要小。在这些段落中，根本看不到作者拒绝赋予所谈论的动物“野蛮人”这个名称的理由，但是我们也很容易推测，这是由于他们的愚蠢以及不会说话；对于那些知道尽管说话的器官是人类天生就有，但是语言本身却不是天生就会的人来说，这些理由缺乏说服力；因为他们知道，人类的可完善性能够将文明人提升到凌驾于他的原始状态之上多高的程度。包含这些描述的短短几行文字就可以让我们断定，对于这些动物的观察是多么地不足，看待他们时所持的偏见又是多么地深刻。比如，人们称他们为怪物，但是又承认他们会繁殖。巴特尔在某一段叙述里说，庞戈杀死穿越森林的黑人；在另一段叙述中，波查斯补充说庞戈对于抓获的黑人根本不加以伤害，至少当黑人不注视他们的时候是这样。当黑人离开时，庞戈围坐在黑人点燃的火堆旁边，当火堆熄灭时，庞戈自己也离开；这是事实，然后观察者作出如下评注：“因为尽管他们身手敏捷，但是见识不够，不知道可以往里边添加木柴以保持火不熄灭。”我想猜一猜，巴特尔或是他的编纂者波查斯是如何知道，庞戈离开是由于它们愚蠢，而不是出于他们的意愿？在罗安格的气候条件下，火对于动物来说并不是一种十分必要的东西。黑人之所以点起火堆，是为了吓跑猛兽，而不是驱寒。因此，很简单，庞戈在享受了一会儿火或是身体很暖和之后，就厌烦于总是待在同一个地方，于是就离开觅食去了。由于他们不吃肉，所以觅食需要花费更多的时间。此外，我们知道大部分的动物天生懒惰，人类也不例外，他们拒绝为了不是绝对必要的东西耗费任何一点力气。最后，这一点似乎特别奇怪，那就是灵敏和体力都受到赞扬的庞戈，懂得埋葬他们死去的同类以及用树枝搭建屋顶的庞戈，居然不知道在火上添加木柴。我记得曾经看到一只猴子实施过这样的操作，人们却不认为庞戈会做。确实，当时我的思想还没有转到这个方面来，我自己也犯了我所指责的我们的旅行家的错误，我忘了研究一下猴子的意图是否确实是想要维持火的燃烧，还是正如我所想的那样，仅仅是模仿人的动作。不管怎样，猴子不是人的一个变种，这一点已经得到清楚的证明；不仅是因为它不具有说话的能力，更尤其是因为它的确不具备自我完善的能力，而这一种能力是人类专有的特性。由于我们似乎还没有在庞戈和奥兰—乌当的身上费心地做过这样的实验，因此不足以得出同样的结论。但是，假如奥兰—乌当或者其他的动物属于人类，那么一定会有一种方法使得最粗浅的观察者甚至也可以通过示范讲解来加以确证。但是只有一代人是不足以完成该项实验的，不仅如此，这项实验也可能被视作是不可行的，因为首先必须证明仅仅是一个假设的东西的真实性，然后才能够无可指摘地尝试可以证明事实的实验。

仓促的判断绝不是开明的理性的产物，因此容易失之偏颇。我们的旅行家随随便便地将一些野兽称为庞戈、曼德利尔、奥兰—乌当，而古人将同样的这些动物视作神，称它们为林神、农牧神以及森林之神。或许经过更加严密的研究之后，人们会发现它们是人[1]。在此之前，我认为在这方面既有理由相信麦罗拉

1　它们既不是兽，也不是神，而是人。——1782年版附注

这位学识渊博的修道士、目击证人、一个朴实而又不失风趣的人；也同样有理由相信商人巴特尔，相信达佩尔、波查斯以及其他的编纂者。

大家想一想，对于我在上文谈到的1694年找到的那个孩子，这样的观察者们会得出什么样的判断呢？这个孩子身上没有任何理性的表现，他用双手和双脚行走，不会任何语言，发出的一些声音与人类的声音没有任何相似之处。为我提供这个事实的那位哲学家继续说道："在能够说上几句话之前的很长一段时间内，他发出的声音依然是粗野的。他刚会说话，人们就询问他最初的情况，但是他什么都不记得，就像我们不记得还在摇篮里的时候发生的事情一样。假设这个孩子很不幸地落到了我们的旅行家的手中，我们毫不怀疑，在发现他的不能言语和愚钝蠢笨之后，他们会决定将他送回森林，或者关在一个动物园里。之后，他们会在一些精彩的游记中，头头是道地把他说成是一种与人类十分相像的稀奇古怪的动物。"

三四百年以来，欧洲的居民拥入世界其他各地，不断地出版新的旅游文集和游记。我相信，我们所了解的人只是欧洲人而已，但是甚至于是在文人界，似乎依然还存在这种可笑的偏见：他们每个人几乎只是研究自己国家的人，却扛着对人类进行研究这个庞大的名义。个人的来来去去徒劳无益，哲学似乎从来都不迁移，因此每个民族的哲学对于另一个民族来说也不太适合。其原因很明显，至少对于偏远地区来说：几乎只有四种人作长途旅行，海员、商人、士兵和传教士。然而，我们几乎不能期待头三种人之中会产生好的观察家，至于为召唤他们的崇高使命而奔忙的第四种人，当他们不像其他人那样受到等级偏见的支配之时，我们应当相信他们不会自愿地投身于一些似乎属于纯粹兴趣的研究，这些研究会打断他们更加重要的本职工作。此外，要有效地布讲福音，只需要虔诚就行了，其余的由上帝给予；但是要研究人，就需要才能，上帝并不承诺给予任何人这些才能，这些才能也并不总是圣人的分享物。无论我们打开哪一本旅游书籍，都可以找到一些关于风俗习惯的描述，但是，我们十分惊讶地发现，这些作者描述了那么多的事物，都只是在说众人皆知的事，他们即便是在世界的另一端，也只知道发现他们不用走出自己所居住的街道就可以注意到的事情。而那些将各个民族区别开来的真正的特征，让生来用于观看的眼睛一目了然的特征，他们却几乎总是视而不见。由此产生了这句那帮哲学家经常挂在嘴边的漂亮的伦理格言：人到处都一样。既然欲望和恶习到处都一样，那么试图描绘不同的民族各自的特征就很没有用处了：这与有人说他之所以不能区分皮埃尔和雅克，是因为他们都有一个鼻子、一张嘴和一双眼睛的推理几乎一样绝妙。

难道人们永远看不到那些美好时代的再现了吗？在那些美好的时代里，人民不会想要去探讨哲理，而柏拉图、泰勒斯[1]以及毕达哥拉斯[2]那样的人是受强烈的求知欲所支配，从而才仅仅为了学习出门远行。他们来到远方，摆脱民族偏见的桎梏，根据人

1 泰勒斯（Thalès，公元前624—前547），古希腊哲学家、数学家、天文学家，最早的哲学流派伊奥尼亚学派的创始人。

2 毕达哥拉斯（Pythagoras，约公元前580—前500），古希腊哲学家、数学家和音乐理论家。

们的相同之处和差异去学习认识人类，获得普遍知识。这些知识绝不专属于某个世纪或某个国家，而是任何时代、任何地方都适用的知识，因此可以说是智者共同的学问。

人们惊讶于某些好奇者的慷慨大方，他们花费大量金钱，亲自或请人带着一些学者和画家到东方旅游，目的是为了描绘那里的一些破屋，辨识或抄录一些碑文：但是我难以理解，为何在一个人人自诩知识渊博的世纪里，找不到两个紧密合作的人，一个富有金钱，一个富有才能，两个人都热爱荣誉，渴望不朽，他们一个奉献两万埃居的财产，另一个付出生命中十年的时间，去作一次环游世界的著名旅行。这次旅行不是为了始终研究石头和植物，而是为了研究一下人与风俗。在人们花费这么多个世纪致力于测量和端详房屋之后，他们终于想要认识房子里的住户了。

穿越了欧洲北部和美洲南部的科学院院士们是作为数学家而非哲学家在这些地方游历的。但是，由于他们兼具这两种身份，我们就不能将拉·孔达米纳[1]和莫柏都依游历并且描述过的地区视作完全陌生的地方了。珠宝商夏尔丹[2]与柏拉图一样四处游历，已经对波斯作了详尽的叙述；耶稣会会士似乎对中国作了十分仔细的观察。坎普弗尔[3]在日本的一点见闻让我们对日本有了一个大致的概念。除了这些游记之外，我们根本不了

---

1 拉·孔达米纳（La Contamine，1701—1774），法国科学家、探险家。

2 夏尔丹（Jean Chardin，1643—1713），法国旅行家、作家，著有《夏尔丹骑士先生波斯及东方其他地区游记》。

3 坎普弗尔（Engelbert Kaempfer，1651—1716），德国医生，旅行家，在日本居住过两年。

解东印度的民族，经常光顾这个地方的，都是些对淘金感兴趣、对吸收知识不感兴趣的欧洲人。整个非洲及其人口众多的居民都有待研究，他们不仅风俗独特，肤色也与众不同。满世界都是我们只了解其名称的各种各样的民族，我们却妄图对整个人类作出判断！假设有一个孟德斯鸠、一个布封、一个狄德罗、一个杜克洛、一个达朗贝尔、一个孔狄亚克[1]，或是一些具有他们这样的素质的人，他们为了教育他们的同胞而去旅行，尽其所能地观察和描述土耳其、埃及、柏柏里[2]、摩洛哥王国、几内亚、卡菲尔地区、非洲内陆及其东部海岸、马拉巴尔海岸、莫卧儿、恒河沿岸、暹罗王国、勃固[3]王国和阿瓦王国、中国、鞑靼，尤其是日本；然后是另一半球上的墨西哥、秘鲁、智利、麦哲伦海峡两岸，还有真假巴塔哥尼亚人，土库曼，可能的话巴拉圭、巴西，最后是加勒比、佛罗里达地区以及所有未开化的地区，这是一切旅行之中最为重要的部分，也是应当极为细心地去实施的。假设这些新的赫拉克勒斯[4]从他们这些值得纪念的旅行返回之后，根据他们的所见，自由自在地撰写关于博物、伦理和政治的历史书，那么我们将亲眼看到，一个新的世界从他们的笔下涌现，我们也因此学会认识我们的世界。我认为当这样的观察家断言某种动物是人，另外某种动物是兽的时候，必须要相信他们；但是，假如在这方面相信一些见识粗浅的旅行家的话那就太天真了，对于他们想

1 这些都是卢梭那个时代有名的学者。

2 北非的旧称。

3 缅甸中南部城市。

4 古希腊罗马神话中的大力士。

要解决的关于其他动物的同样的问题，我们偶尔倒也可以试探着询问他们一下。

注十一：

我觉得这是件显而易见的事情，我难以想象我们的哲学家强加于自然人的一切欲望从何而来。除了自然本身要求的唯一的生理需求之外，我们所有其他的需要都来自习惯，在养成习惯之前，它们还不成其为需要；或是来自我们的欲望，我们不会渴望自己还不了解的事物。从而，野蛮人只渴望他所了解的事物，只了解他有能力拥有的或是容易获得的事物，野蛮人的灵魂最为宁静，思想最为局限。

注十二：

我在洛克的《政府论》中发现了一种极为似是而非的反对意见，我实在无法装作不知。这个哲学家说：

> 雄性和雌性之间的交往关系的目的不仅仅是生育，还有物种的延续，甚至是在生育之后，这种关系也应当持续下去，至少在孩子需要他们喂食和保护的期间内应当如此，也就是说，直到孩子能够自己满足自己的生活所需。造物主用其无尽的智慧为他亲手创造的作品确立了这样的规则，我们发现，比人类低等的生物也始终严格遵守这一规则。在这些以草类为食的动物之中，雄性和雌性之间交往的时间不比每次交媾行为持续的时间长，因为雌性的乳水足以

喂养幼崽直至它们能够吃草。雄性仅限于生殖，在此之后便不管雌性，也不管幼崽，对于它们的生活所需，雄性不作任何贡献。但是对于肉食动物来说，雄性和雌性之间的交往时间要长些，因为母兽只靠自己捕猎是无法同时满足自己所需和喂养幼崽的，捕猎的方式比食草更加艰难，也更加危险，雄性的帮助对于抚养它们共同的子女非常必要——假如我们可以使用“子女”这个词的话。在可以自己去觅得猎物之前，子女只能依靠父母的照顾得以生存。我们在所有的鸟类之中注意到了同样的现象，除了几种家养鸟之外：这些鸟生活的地方始终食物充足，从而雄鸟不必费心喂养小鸟。我们看到，当小鸟在鸟窝里需要食物时，雄鸟和雌鸟就为它们带去食物，直到这些小鸟能够飞翔并且自己觅食为止。

我认为，人类两性之间必须维持比其他生物更长的交往关系，其主要原因就在于此，即便这不是唯一的原因。女性具有怀孕的能力，通常在前一个孩子还不能离开父母的帮助自力更生之前很长一段时间内能够再次怀孕，生育新的孩子。因此，父亲必须照顾他生的孩子，并且要照顾很久，因此他必须与跟他一起生养这些孩子的同一个女人继续在婚姻关系中生活，比其他动物停留在这种关系中的时间都要长得多。因为其他动物的幼崽在新的生殖期到来之前就能够独立生存了，雄性和雌性之间的关系自动中断，他们各自获得完全的自由，直到这个通常促使它们必须选择新的伴侣彼此结合的季节到来。在这方面，我们怎么赞美我们智慧的造物主都不为过，他赋予了人类同时满足未来以及当前所需的特有才能，希望并且也使得人类的交往关系比其他动物雄性和雌性之间的交往关系持续时间长，目的是借此进一步激励男人和女人勤恳劳作，促使他们的利益结合得更加紧密，从而可以为他们的孩子提供生活必需品，给他们留下财产：没有什么比不稳定的结合以及轻易而频繁的离异对孩子更有害的了。

对于真理的热爱，促使我诚恳地阐述洛克提出的这个异议，同时也激励我加上几条评注，即便不能驳倒这个异议，至少也可以弱化它的说服力。

1. 首先我观察到，伦理方面的证据在生理方面不具有很强的说服力，它们更多的是赋予现存的事实合理性，而非证明这些事实真实地存在。然而，洛克先生在我刚刚引用的那段话中所运用的证据就是这种类型。因为无论男女之间结合的持久性对于人类来说有多么有益，也不能因此而得出这是自然的安排的结论，否则，我们也可以说文明社会、艺术、商业以及一切我们认为对人有用的东西也都是自然创设的。

2. 我不知道洛克先生从哪里发现，肉食动物两性之间的关系比食草动物持续的时间长，并且雄性会帮助雌性喂养幼崽，因为我们不曾看到公犬、公猫、公熊或是公狼比公马、公羊、公牛、公鹿或是其他一切四足动物更识得它们的配偶。相反地，似乎食草类动物的雌性尤其需要雄性的帮助来维持幼崽的生存。因为母兽需要花很长的时间来吃草。在此期间，它不得不忽视它的幼崽，而母熊或是母狼则片刻间就吞下了猎物，它们可以在不必挨饿的情况下，有更多的时间喂养它们的幼崽。我在注八中谈到了食肉动物和食果动物在乳房和幼崽的相对数量上的差别，这个观察结果证实了这个推论。假如这一观察结果正确并具有普遍性，那么女人只有两个乳房、几乎每次只生一个孩子的事实，就是又一个质疑“人类天生是食肉动物”的论断的深具说服力的理由。从而，为了得出洛克的结论，似乎必须将他的推理完全颠倒过来。在对于鸟类的关于食肉动物和食草动物的区分中也不存在更多这种抚养幼雏的共同责任的因素。因为谁能相信兀鹰、乌鸦之中雌雄结合的关系持续时间比斑鸠长呢？我们有两种家养的鸟类，鸭和鸽子，它们为我们提供了与这个作者的理论截然相反的案例。鸽子以谷物为食，雄性和雌性一直生活在一起，共同抚育它们的幼雏。众所周知公鸭是一种贪吃的肉食动物，它既不认得它的配偶也识别不出它的幼雏，根本不帮它们觅食。鸡基本上也是肉食动物，在母鸡之中，我们不曾看到公鸡照顾过小鸡。假如说在其他的种类之中雄性与雌性共同分担喂养孩子的责任，那是因为这些鸟一开始还不会飞，而雌鸟又不能哺乳，因此与四足动物相比，它们更不能脱离父亲的帮助，因为对于四足动物来说，至少在一段时间内母兽的乳水足以喂养幼崽。

3. 洛克先生用来作为其推理的基础的主要事实存在很多不确定因素。因为，要了解是否正如他所声称的那样，在纯自然状态中，女人通常在前一个孩子还不能离开父母的帮助自力更生之前很长一段时间内能够再次怀孕，生育新的孩子，那么就必须做一些实验，这种实验洛克定然是不曾做过，也没有人能做。夫妻之间持续的同居是一个导致再次怀孕的直接原因，从而很难相信，纯自然状态中偶然的相遇或是单单性欲的冲动能够产生夫妻关系状态中那样频繁的妊娠后果。或许，妊娠速度的缓慢能够让孩子变得更加强壮，此外也能让女人的怀孕能力得到补偿，因为如果女性在年轻的时候不那么频繁怀孕的话，她的生育能力就可以延续到年纪更大的时候。至于孩子，有很多理由可以让人相信，在当今社会之中，孩子的体力和器官比在我讲过的原始状态中要发展得迟缓。从父母的体质中得来的最初的羸弱，人们费心地包裹造成的四肢的束缚，娇惯的抚养方式，或许还被喂以母乳之外的乳水，这一切阻挠并延缓了他们最初自然的发展。人们强迫他们关注无数的东西，让他们将注意力长久地集中在这些东西上面，却不让他们进行任何身体力量方面的锻炼，这就更加严重地阻碍了他们的生长发育。从而，假如一开始不用各种方式令他们的大脑不堪重负、疲惫不堪，而是按照似乎是自然要求的那样，通过不断的运动锻炼他们的身体，那么可以相信，他们学会走路、活动以及自食其力的时间将大大提前。

4. 最终，洛克先生至多证明，当女人有孩子的时候，他完全能够在男人身上找到继续与女人生活在一起的原因；但是，他根本没有证明，在分娩之前以及怀孕的九个月中，他也应当与她生活在一起。假如在这九个月内，男人对这个女人漠不关心，甚至都不认识她了，那么为何他要在女人分娩之后帮助她？为何他要帮着抚养孩子，既然他不仅不知道这个孩子是他的，而且他既没有决心要这个孩子，也没预料到他的出生。洛克先生显然是将还存在疑问的事情当作前提了，因为问题不在于知道为何男人在女人分娩之后依然跟她生活在一起，而是为何在怀孕之后他还要跟她生活在一起。一旦欲望得到满足，男人就不再需要这个女人了，女人也不再需要这个男人。男人根本不操心自己行为的后果，或许对此也没有任何概念。男人和女人分道扬镳，似乎在九个月之后，他们都不记得彼此曾经相识一场。这种记忆能够使一个人在繁殖后代的行为上偏爱另一个人，因此，正如我之前在文中证明的那样，它要求人类的智力得到更深层次的发展，或是进一步地败坏，而我们这里谈到的人还处于动物的状态，从而不能假设他的智力已经到达了这样的程度。因而，另一个女人可以与他之前认识的女人一样方便地满足男人新生的欲望，同样地，假设之前那个女人在怀孕期间拥有迫切的性需求那么另一个男人也可以满足她，但是我们对丁这个假设抱有合理的怀疑。假设在自然状态中，女人在怀孕之后不再感受到情欲，那么她与男人共处的障碍就变得更大，因为这个时候她既不需要令她受孕的那个男人，也不需要任何其他的男人。因此，男人没有理由追求同一个女人，女人也没有理由追求同一个男人。从而洛克的推理遭遇失败，这个哲学家的所有论证都不能避免他犯霍布斯以及其他人犯的错。因为他们要阐明的是自然状态中的一个事实，也就是说，在这种状态中，人们过着孤立的生活，某个人没有任何跟另一个人生活在一起的理由，更糟糕的是，或许大家也没有任何彼此生活在一起的理由。他们没有考虑到要抛开社会的时代去考虑问题，在社会的时代里，人们总是有理由彼此生活在一起，某个人也总是有理由与某个男人或女人共同生活。

注十三：

有关语言创立的利弊应当做一些哲学上的思考，但是我尽力避免自己卷入这些思考中去。因为人们不容许我攻击那些普遍的错误，而有学问的人又太尊重他们的偏见，从而不能耐心地去容忍我那些所谓的悖论。有些人有时也敢于站在道理的一边反对大多数人的意见，却没有遭到人们的横加指责，那么就把发言权留给他们吧。

若是消除多样性的语言的灾祸和混乱，若是人们只熟悉一种表达方法，永远用符号、动作和手势来表达自己的意思，那么人类的幸福就毫发无损了。事实上，目前的情况是，我们普遍认为愚蠢的动物，似乎在这方面也远比我们强。因为它们不需借助语言的媒介就可以比任何人，尤其是使用外国语言的人，都更容易也更成功地表达它们的感觉和思想。（伊萨克·沃西乌斯，《诗歌与韵律的特件》，第66页）

注十四：

柏拉图指出，离散量及其比例关系的概念在最微不足道的技艺之中也是十分必要的，因此他有理由嘲讽他那个时代的作者们竟然声称帕拉墨得斯[1]在特洛伊之围时发明了数。这个哲学家又说，就好像阿伽门农[2]在此之前都不知道自己有几条腿似

1 帕拉墨得斯（Palamedes），希腊神话中特洛伊战争的英雄。

2 阿伽门农（Agamemnon），希腊神话中的麦锡尼王，希腊诸王之王。

的。事实上我们发现，社会和技艺能发展到特洛伊之围时期的程度，人们就不可能不会使用数或是计算。但是，在获得其他知识之前识数的必要性并不能使数的发明更加容易想象。一旦认识数的名称，就很容易解释数的意义以及产生这些名称所表达的概念。但是要发明这些名称，就必须在设计这些概念之前可以说是很习惯于哲学思考，锻炼自己根据事物唯一的本质去考虑它们，不依赖任何其他的认识；这就需要进行十分艰难、十分形而上学且相当非自然的抽象，但是没有这种抽象，这些概念就永远不可能从这一种或这一类事物搬到另一种或另一类事物之中，数也不会具有普遍性。一个野蛮人能够分别考虑他的右腿和左腿，或者根据“一对”这个不可分割的概念，将它们视为一体，从来想不到自己有两条腿。向我们描绘某个物体的描述性概念是一回事，确定事物的数字的概念又是另外一回事。野蛮人甚至数不到五，尽管当他将一只手贴合到另一只手上面时，他能注意到两只手的手指恰好是彼此对应的，但他绝不会想到它们的数量也是相等的。他不会数自己的手指的数量，正如他不会数自己的头发的数量一样。若是在让他明白什么是数之后，又有人告诉他，他手指的数目与脚趾的数目相等，他经过一番比较，发现确是如此之时，可能会惊讶不已。

注十五：

不应当将自尊和自爱混为一谈，这两种情感在本质上以及产生的后果上都相差甚远。自爱是一种自然的情感，它促使任何动物都关注自身的存续。在人的身上，自爱受到理性的引导以及怜悯心的调适，从而产生了人道和德性。自尊只是一种相对的、人工的情感，产生于社会之中，它促使每个人重视自己甚于任何其他人，引发人与人之间一切的互相损害，是荣誉心真正的根源。

理解了这一点之后，我认为，在我们的原始状态之中，在真正的自然状态之中，自尊是不存在的。因为，每一个人都将自己视作是观察自己的唯一的观众，是世界上唯一关注自己的存在，是自己的价值的唯一的评判者。自尊产生于他还不能形成的比较之中，因此这种情感还不可能在他的心灵中萌发。同样地，这个人也不可能有仇恨或复仇的欲望，这种激烈的情感只能产生于对受到的某种侮辱的判断。由于构成侮辱的是蔑视或是损害他人的意图而不是损害，既不懂得相互评价也不懂得相互比较的人在涉及某种利益时可能会彼此施加很多暴力，但永远不会互相侮辱。简言之，每个人看待他的同类几乎就如同看待另一种动物一样，可以劫掠弱者的猎物，或是将自己的猎物让与强者。他们将这种掠夺行为看作是自然事件，没有任何傲慢或是怨恨的情绪，只有失败时的痛苦和成功时的喜悦。

第二部分

注十六：

这是一件极其引人注目的事情：这么多年以来，欧洲人费尽心思引导世界上各个地方的野蛮人采用他们的生活方式，但是却无一例成功，甚至借助于基督教都没有用。因为我们的传教士有时能将他们变成基督徒，但永远不能将他们变成文明人。

他们对于采取我们的风俗，以及以我们的方式生活的不屈不挠的抵制，是任何东西都无法战胜的。假如这些可怜的野蛮人正如我们所想的那样不幸，那么是何种难以想象的异常判断使得他们始终拒绝模仿我们使自己文明化或是学着幸福地在我们之中生活？我们在很多地方都看到，有些法国和其他的欧洲人自愿隐遁在那些野蛮民族之中，在那里度过整个一生，无法再抛却一种十分奇怪的生活方式。我们甚至还看到，一些明智的传教士以感动的心情怀念他们在那些备受轻视的民族之中度过的宁静而纯朴的日子。假如人们回答说，他们没有足够的知识对他们以及我们各自的状态作出正确的判断，我反驳说，对于幸福的评判无关乎理性，而是关乎感情。此外，这个答复依然能够更加有力地驳斥我们这些文明人，因为一方面野蛮人的观念使得他们远不能对我们的生活方式抱有感情，另一方面我们的观念更不可能允许我们拥有野蛮人喜好他们的生活方式的心境。事实上，经过几番观察，他们很容易发现，我们所有的努力都只有两个目的，亦即，自身生活的安逸以及他人对自己的尊重。但是，野蛮人独自在树林中度过一生，或是捕鱼，或是吹一支粗糙的笛子，从来不知道吹出个曲调来，也从来不想去吹个什么曲调，我们如何能想象他们从中得到的那种快乐呢？

人们曾经多次将一些野蛮人带到巴黎、伦敦和其他的城市，急于将我们的奢华、我们的财富以及我们所有最有用、最稀奇的技艺展示给他们看，但是，这一切只引起他们傻傻的赞叹，却没有一点觊觎之情。其中我还记得三十年前有人将某些北美洲人的一个酋长带到英国宫廷的故事。人们将无数的东西摆在他的面前，试图送他一件招他喜欢的礼物，但是他好像对什么都不感兴趣。我们的武器对他来说笨重而不方便，我们的皮鞋让他脚痛，我们的衣服让他浑身不自在，他拒绝了一切。最终，人们看到他拿起一条毯子，似乎很高兴地将它披在肩上。有人立刻对他说："至少，你承认这样东西是有用的吧？"他回答说："是的，我觉得它几乎跟一张兽皮一样有用。"假如他曾披着它们淋过雨的话，他连这句话都不会说。

或许有人会跟我说，是习惯使得每个人依附于自己的生活方式，阻止野蛮人感受到我们的生活方式的益处。若是从这个观点出发，那么习惯维持野蛮人爱好他们的贫困的力量，比维持欧洲人喜爱他们的享乐的力量还要大，这一点至少应当是十分奇怪的。但是为了对这个异议作出无可辩驳的抗辩，我不会援引所有那些人们徒劳无功地试图将之文明化的年轻野蛮人，也不会谈及那些人们试图在丹麦教育抚养、却全部因忧伤和绝望而死亡的格陵兰人以及冰岛居民，他们或是忧郁而死，或是因试图游泳回到自己的国家而溺死海中；我仅引用一个已经完全得到证实的例子，将它提供给欧洲文明的赞美者去研究。

好望角的荷兰传教士竭尽全力却从来未能让任何一个霍屯督人皈依基督教。好望角的总督方·德·斯泰尔曾收养了一个霍屯督人，自幼就用基督教的教义和欧洲习俗的实践来教育他。人们让他穿得很华丽，让他学习多种语言，他取得的进步也相当无愧于人们在他的教育上花费的心血。总督对他的才智期望甚高，派他跟随一个专员去印度，专员让他管理公司的事务，效果很好。专员死后他回到好望角。回去没多久，在一次拜访几个霍屯督的亲戚之时，他决定抛却一身欧洲人的装束，重新披上羊皮。他穿着这身打扮、背着一个包裹回到城堡，包裹里装着他以前的衣服。他把这些衣服呈给总督，对他说了以下这段话：

"'先生，请您注意，我要永远放弃这身服装，我也将终身放弃基督教，我决定无论生死，都要坚持我祖先的宗教、习惯和风俗。我求您赐予我的唯一的恩典，是将我佩戴的项圈和弯刀留给我。我保留它们是出于对您的爱。'说完，都没有听取方·德·斯泰尔的回答，他就逃走了，人们再也没有在好望角见过他。"(《旅行纪事》，第五卷，第175页)

注十七：

可能有人会反驳我说，在这样的混乱之中，若是对他们的分散没有限制的话，那么人们也不会执拗地彼此残杀，而是会四散开来。但是，首先这些限制至少是地面的限制，假如我们考虑自然状态产生的人口过多，那么我们就会判定这种状态下的地球很快就会人满为患，从而人们不得不聚集在一起。其次，假如灾难突如其来，朝夕之间生变，那么他们就会各自分散。但是他们生来戴着枷锁，尽管感受到它的沉重，也依然习惯于戴着它，只满足于等待摆脱它的机会。最后，他们已经习惯于迫使他们聚集在一起的各种便利，要让他们分散开来再也没有最初人人都自给自足的时候那么容易了。在原始时代，各人做各人的决定，无须等待他人的同意。

注十八：

据维某某元帅[1]讲述，在他经历的一次战争中，一个粮食承包商穷凶极恶的诈骗行为令军队痛苦不堪，怨声载道。元帅严厉地斥责了他，并且威胁他要对他施以绞刑。这个诈骗犯大胆地回答说："这种威胁我不放在眼里。我很愉快地告诉你，人们绝不会绞死一个拥有十万埃居的人。"元帅天真地接着说道："我不知道怎么会这样，尽管他有无数次该被绞死，但事实上他却没有被绞死。"

注十九：

分配的公正即便可能在文明社会中得以实施，也与自然状态中严格的平等相对立。正如国家的所有成员应当依照他们的才能和力量为国家服务，公民也应当根据他们提供的服务得到区别优待。我们应当从这个意义上去理解伊索克拉特[2]的一段文字。在这段文字中，伊索克拉特称赞最初的雅典人已经十分懂得辨别这两种平等哪种最有益：一种在于毫无差别地分配给所有的公民同等的利益，另一种则是根据每个人的功绩分配利益。这位演说家继续道，这些精明的政治家废弃了这种不加区分地对待恶人和好人的不公平的平等，坚持严格按照每个人的功绩来实施奖惩。但是，首先，无论社会堕落到哪种程度，都从来不曾有过对恶人和好人不加区分的社会；在道德品行方面，法律无法确定比较严格的标准作为行政官的准则，为了不让公

1 这里指的是法国陆军元帅路易—赫克托·维拉尔公爵。

2 伊索克拉特（Isocrate，公元前436年—前338年），雅典诡辩学派演说家。

民的境遇和社会地位受到行政官的随意摆布，法律非常英明地禁止行政官对人作出评判，而是只让他对行为作出评判。只有古罗马人那样纯洁的道德品行才经得起监察官的监察，若是我们现在的社会之中有这样的裁判机构的话，那么很快一切就会混乱不堪。应当由公众对恶人和好人的差别作出评论，行政官只是严格的法律上的评判者，而人民才是道德品行的真正的评判者，是这方面正直廉洁，甚至经验丰富的评判者。人民有时会被愚弄，但永远不会被腐蚀。公民的社会地位也不应当根据个人的优劣来决定——这会导致行政官几乎可以任意地适用法律——而是应当根据公民对国家提供的实在的服务来决定，只有据此才可能得出更加准确的评价。